Kulinarische Streifzüge durch Baden

Georg Richter

Kulinarische Streifzüge durch Baden

sigloch edition

Die Rezeptfotos ab Seite 52
wurden exklusiv für dieses Buch aufgenommen von
Hans-Joachim Döbbelin, Schwäbisch Gmünd

Regie: Rudolf Werk
Satz: Setzerei Lihs, Ludwigsburg
Druck: Graphische Betriebe Eberl, Immenstadt
Reproduktionen: Otterbach Repro, Rastatt
Papier: 135 g/qm BVS der Papierfabrik Scheufelen, Lenningen
Einbandgestaltung: Peter Mueck
Einbandarbeiten: Buchbinderei Sigloch, Künzelsau und Leonberg
Auslieferung an den deutschen Buchhandel: Stürtz Verlag, Würzburg
ISBN: 3800301741

Diese „Kulinarischen Streifzüge durch Baden" hätten eigentlich den Titel „Streifzüge durch ein Musterland des Lukull" verdient. Nicht nur Fülle und Vielfalt der Naturprodukte am klimatisch ideal begünstigten Oberrhein, sondern auch die kluge und meisterhafte Küchenauswertung des gegebenen Reichtums durch teils weltberühmte Köche rechtfertigt den Begriff des Musterhaften.

Badens Nachbarschaft zum paradiesischen französischen Elsaß, zur Schweiz und früher zu den österreichischen Vorlanden hat hier Rezepturen ermöglicht und verfeinert, die einzigartig sind, teilweise aber auch raffiniert. Doch die heimatliche Substanz und der heimatliche Geschmack der Küchenköstlichkeiten blieben bis heute, vor allem im traditionsbewußten Schwarzwald, unangetastet.

Wegen der naturgegebenen Vielseitigkeit der Kulinaria haben wir aus allen Landesteilen einige der namhaftesten Gastronomen aller „amtierenden" Generationen zu Rate gezogen. Ihre Rezepte sind, selbst wenn einige zunächst kompliziert erscheinen, durchweg nachvollziehbar. Daß Großmutters oft sehr weise Kochbücher nicht beiseite gelassen wurden, versteht sich von selbst. Manch ein Kücheneleve würde sich glücklich preisen, wenn er so wie die Urahne zu kochen oder zu backen verstünde.

So vereinen sich badisch-fränkische mit alemannischen Kreationen, Herkömmliches mit Neuersonnenem aufs bekömmlichste. Und neben allen Gedecken funkeln die badischen Römer gleichsam als Gralswunder für den alles krönenden Wein.

Mögen diese kulinarischen Streifzüge, gewürzt mit Historie, vielen Histörchen und appetitanregenden Bildern, die Lust am Kochen und Backen, den Genuß und die Daseinsfreude auf badische Art recht herzhaft beflügeln!

Autor und Verlag, im Januar 1982

Musterländle des Lukull

Das Herzstück Badens in der südwestdeutschen Dreiländerecke hat sich von jeher gern umarmen, doch auch umgarnen lassen: von Frankreich mit dem alemannischen Elsaß am Oberrhein im Westen, von der Schweiz im Süden, von den Franken im Norden, vom Schwabenland im Osten. Aber auch die österreichischen Habsburger waren bis 1806, als das Heilige Römische Reich Deutscher Nation nach Napoleons allmächtigem Willen das Leben aushauchte, Busenfreunde und Busenfeinde zugleich. Unter den Einflüssen so vielschichtiger und unterschiedlicher geistiger, kultureller und äußerer Gewalten wurden die einzelnen badischen Volksteile gleichsam wie die Trauben in einer riesigen Kelter zusammengepreßt – und aus dem Most destillierte sich ein hochkarätig eigen- und bodenständiger Charakter. Er zeigte und zeigt sich vor allem nach Westen und Süden hin offenherzig; der Schwarzwald freilich sorgt für eine gewisse Distanz zum Osten, und Main und Tauber umschließen nordwärts den Schaft des geographischen badischen Stiefels, dessen Fußspitze im Süden das Ufer des westlichen Bodensees markiert.

Man sagt – und beweist es zugleich durch Tatsachen –, dieses Baden habe Deutschlands berühmteste Köchinnen und Köche, die weisesten Gastronomen und Gastrosophen, den kenntnisreichsten Feinschmecker, die begabtesten Winzer und ersten Weinwissenschaftler aus dem Füllhorn oberrheinischer Vorzüge her-

Links: Goldener Herbst, goldener Wein, badischer Wein. So präsentieren sich die Reben unter Schloß Staufenberg bei Durbach in der weinseligen Ortenau.

Nächste Doppelseite: St. Georg in Oberzell auf der Gemüseinsel Reichenau

ausgefischt. Dazu, wenn man kulinarischen Wegweisern glauben darf, die ruhmvollsten und teilweise ältesten Gasthäuser und Hotels im deutschsprachigen Gebiet – und die substanzhaltigsten und verschiedenartigsten Obstbrände und Schnäpse. Das will etwas heißen, und das muß sich täglich aufs neue beweisen. Daß den Badenern dies gelingt, werden auch Sie, verehrte Leserinnen und Tischgenossen, erproben können, wenn Sie unser herrliches, menschenfreundliches, gastliches Musterländle durchpilgern, wie es einst schon die Nachfolger des Feldherrn und Gourmets Lucius Licinius Lucullus taten. Als Vorgeschmack seien Ihnen einige verbale Aperitifs kredenzt, damit wir uns so gut kennenlernen, daß Ihnen der Appetit auf ein Wiedersehen nie vergehe. Z'm Wohl also – und en guete!

„Das Großherzogtum Baden kann man mit noch mehr Recht das Eden Deutschlands nennen, als Württemberg." Man traut seinen Augen nicht: Diese Worte schrieb ein Hohenloher Schwabe aus Langenburg, Karl Julius Weber, vor hundertfünfzig Jahren etwa. „Dies ehrt des Badners Vaterland, daß gar ein Schwab solch Loblied fand!" rief daraufhin ein badischer Zeitgenosse. Und dieser behauptete: Wenn ein Schwabe derart über Baden lobhudle, dann sei die Ursache ganz einfach die, daß er sehr glücklich mit einer Badenerin verehelicht sein müsse. Zur Erläuterung sei angefügt, daß weder Politiker noch Psychologen bis heute hinter das Geheimnis der unterschwelligen Antipathie zwischen Urschwaben und Urbadenern gekommen sind. Schlaumeier beiderseits sind der Meinung, sie seien blutsverwandt, und Blutsverwandte könnten einander nur richtig verstehen und vertragen, wenn sie sich periodisch streiten. Karl Julius Weber also schwärmte unbeirrt fort: „Das schöne Neckartal kommt nicht gleich dem herrlichen Rheintal, und Baden ist fast ganz Rheintal von Basel bis Mannheim. Und nun noch der göttliche Bodensee ..."

Fürwahr, vom göttlichen Bodensee zehrten bereits – wer wohl? – natürlich die Römer. Ihre Generäle rissen beispielsweise den alteingesessenen Kelten und Germanen kurz nach Christi Geburt die legendären Bodenseetrüschen aus den Fischernetzen. Noch dreihundert Jahre danach ließ sich der Kaiser die mächtigen, fetten Lebern der Trüschen über die Alpen speditieren. In Rom behauptete er, diese Delikatesse sei das einzig Genießbare, das die biersaufenden Germanen der neuen Welt anzubieten hätten. Dafür ärgerten er und seine Vorgänger sich über die Bodenseezwiebeln – sie waren ihnen zu scharf. Er ließ im Badischen und Schwäbischen – damals noch *agri decumates* betitelt – die milderen aus dem Süden anbauen. Der Arzt und Pharmakologe in römischen Diensten Pedanios Dioskurides hatte schon im ersten christlichen Jahrhundert die Tugenden der Zwiebel analysiert: Sie seien Magen und Darm wohlgesonnen, führten zu erleichterndem Luftentschlupf, reinigten den Kopf, reizten zum Trinken und begleiteten aufs angenehmste den Weingenuß. Aha, darum also gab es bereits in den Kantinen der römischen Legionen zwischen Bodensee, Rhein, Tauber und Main den Zwiebelkuchen. Denn in diesen Bereichen, um welche die Römer ihren Limes gezogen hatten – allein hier hatten sie sich auch auf Weinbau verlegt. Seitdem sind fast zweitausend Jahre vergangen – Wein, Zwiebelkuchen, Trüschenleber, Felchenkaviar und Wildschweinschinken aber sind offenbar unvergänglich geblieben.

Da die römischen Kulturbringer in den fast vierhundert Jahren, die sie in unseren Breiten genüßlich lebten, mehr und mehr an Rheuma und Bronchitis zu leiden hatten, bauten sie die ersten Thermalquellen zu vornehmen Bädern aus, die heute Baden-Baden und Badenweiler heißen. Der römischen Schleckerlust haben wir auch die Kirschen und anderes Edelobst, Gewürze aus dem Orient und schließlich die Grundsteinlegung zu so schönen Städten wie Konstanz, Breisach, Pforzheim oder Ladenburg und in der Nachbarschaft auch Straßburg zu verdanken.

Hier und dort entdeckten die verwöhnten, aber auch fleißigen Ackerland-Eroberer – so jedenfalls berichtete Kaiser Julian 353 n. Chr. – zu Füßen des „herkynischen Waldes" wahre Paradiese an Fruchtbarkeit, ganz zu schweigen von den „blauäugigen Mädchen", die „unsre römischen Puppen" an Anstand überträfen. Diese Paradiese zu kultivieren, hielt man aus liebenswertem Egoismus für eine lohnenswerte Aufgabe. Und mit dieser Kultivierung begann sich die Pforte des oberrheinischen Schlaraffenlandes zu öffnen.

Rechtzeitig nach der Völkerwanderung (etwa ab 375 n. Chr.) teilten sich Alemannen im Süden und Franken im Norden ihr erobertes Land zwischen Main und Bodensee, und rechtzeitig kamen auch die frommen Heinzelmännchen, Einsiedler der Verkündigung des Christentums, Mönche, die keine Furcht vor dem „schwarzen Walde" hatten wie die südlichen Götteranbeter, sondern die bis auf die Höhen hinauf ihre Klöster gründeten und den Bauern und Handwerkern beibrachten, wie man mit Fleiß und Tüftlertum für die Zukunft vorsorgt. Auch, wie man aus Schwarzwaldwasser besseres Bier braut, wie man Fastenforellen, Hechte oder Salmen fängt, und natürlich, wie man aus Kirschen, Wildpflaumen, Zwetschgen oder Birnen jene Obstwässerli brennt, die unterdessen weltberühmt sind.

Doch gemach: Dieses scheinbare Tischleindeckdich hatte wie überall auch eine Schattenseite – nämlich die harte Arbeit! Wenn auch das günstige Klima segensreich durch die Gefilde streift, so ist die Landarbeit droben auf den Höhen oder in den feuchtkühlen Hintertälern doch mühsamer als diejenige am vulkanischen Kaiserstuhl. Hier werden 40 cm über dem Erdboden oft bis zu 50° C Hitze gemessen, so daß die selten gewordenen Turmschnecken in schattige Höhen flüchteten. Dafür „kocht" hier der Wein wie in römischen Lagen.

Was Wunder, daß diese Bauern und Winzer sich nicht durch Diätkost auf den Beinen halten könnten. Es ist keine Übertreibung zu behaupten, daß nur kalorienreiche Speisen und Getränke wie vor fünfzehnhundert Jahren so auch heute den Corpus zu beflügeln vermögen. Jedenfalls trifft das heute auf die ländlichen Gebiete vom Bauland und der Bergstraße über den Kraichgau und Schwarzwald, über den Breisgau und Hegau, über die Baar und den Linzgau und Klettgau bis hin zur einstigen Klosterinsel Reichenau im Bodensee zu. Nicht die vielgepriesene Traditionsfreude der Franken und Alemannen, sondern die tägliche Arbeit setzt das Maß der Bedürfnisse. Darum wird der Gast in ländlichen Wirtschaften auch stets die deftigen Genüsse herkömmlicher Art nachvollziehen können, wenn's ihn danach g'lüschtet. Von den Kräutern und Gemüsen, von allen Obstsorten bis hin zu den Reben, vom Wild und Wildgeflügel, von Schnecken bis zu Krebsen, von einigen Dutzend Fischarten bis zu Rind oder Hammel, bis zu Schwein und Wildschwein, ja, sogar von Feigen und Eßkastanien bis zu sämtlichen wilden und veredelten Beerensorten, bis zum Honig und zu Pilzen, auch bis zum Tabak und – leider – bis zu Fröschen. Wer zweifelt noch an Karl Julius Webers Schwärmerei vom badischen Garten Eden?

Inmitten solcher Herrlichkeit,
die sollt's in allen Ländern geben –
will ich voll tiefster Dankbarkeit,
was die Natur mir schenkte, mundwärts heben.

So singen poetisch veranlagte Jünger Lukulls noch jetzt, wenn sie im Musterländle sich verwöhnen lassen. Denn es hat auch die Spezi der Wiistüble, der Weinstuben in die Welt gesetzt. „Ma mues nebeher auch läbe!" – das ist der Wahlspruch der Stammtischphilosophen. Wie Schwalbennester unterm Gesims sind sie in allen Dörfern in dichter Ballung vertreten, diese Schenkeli und Wirtschäftle. Sie sind für Altgewohnte eine magnetisierende Qual, weil es schwer fällt, um sie herumzukommen –

Und wenn er münt,
er seyg jetzt bald dehey (zuhaus),
so steht er wieder vor der Weserey.

Das sagte der alemannische Nationaldichter Johann Peter Hebel, der es wissen mußte. (Die „Weserei" in Kandern im Markgräflerland ist nach wie vor die Zuflucht heimischer Kenner wie fremder Gourmets.)

Doch lassen Sie uns, verehrte Leserinnen und Leser, noch ein wenig chronologisch der weiten

Schwarzw
geba

ald-Forelle
cken

Welt der badischen Kulinaria auf die Tische und in die Töpfe schauen:

Das ungeheure Dilemma des Dreißigjährigen Krieges von 1618 bis 1648 kehrte sich bald ins Gegenteil um. Nach Mordbrennerei, totaler Armut, Seuchen und anderen „Teufeleyen", wie es zeitgenössisch hieß, dachte man nur noch an Wiederaufbau und Nachholbedarf. Die Älteren und Alten unter uns kennen diese Situation ab 1945, weil hautnah erfahren. Doch zu jener Zeit gab es hier und dort „mehr Herren, Pfaff und Blutegel als rechtschaffene Leut", so lamentierte ein großer Prediger aus dem halb badischen, halb schwäbischen, doch oberhoheitlich vorderösterreichischen Meßkirch am Heuberg, nämlich Abraham a Sancta Clara, Sohn des Schankwirts Megerle. Als er einmal als Beichtvater bei einem „verfressenen Adelsweib" zu Tisch geladen war und das Weib, nachdem es „die ganz Tafel fast geleeret", über Bauchweh klagte, ließ Hochwürden einen Eimer kommen, schüttete zuerst sämtliche Essensreste hinein, danach goß er den übrigen Wein dazu und hielt das Gemisch der Fürstin unter Augen und Nase. „Schauet her – so sieht es aus in Eurem Gedärm und ebenso stinket Ihr!" Sie „kotzete", berichtet Abraham, und „der Teufel war aus ihrem durchlauchtigen Mastleibe".

Aber Lukulls andere Zaubereien – und an denen hängen wir bis heute – übersonnten bald das ganze Land. Man begann nicht nur barock zu bauen, sondern man hatte auch Kontakt zu dieser Welt aufgenommen – nämlich zu Frankreich und Österreich. Allerdings beschränkte sich das berühmte *savoir vivre* auf die Höfe, ihre Schranzen, auf Fürstbischöfe und den Bürgeradel. Es war das Zeitalter der parfümierten Illusionen, der süßen Tischgeheimnisse und der noch süßeren Bettgeschichten. Die Fürsten aller Groß- und Kleinstaaten – man zählte über zweihundert – legten Wert darauf, dem armen Volk vorzumachen, wie man Millionenschulden ohne Richter zuwege bringt und wie man leben sollte, bis „nach uns die Sündflut" komme (so Ludwig XV. von Frankreich). Immerhin: diese Puder- und Luderepoche ersann für uns Küchenschöpfungen, wie sie in ihrer Vielfalt sonst nirgendwo ersonnen wurden. Und als sich im unwägsamen Spiel der Historie Österreich und Frankreich durch die Verheiratung einer Erzherzogin mit Ludwig XVI. über den Bodensee, den Schwarzwald und Oberrhein hinweg die Hände reichten, da tauschten sie auch ihre Küchenmeister aus. Einige von den Köchen, Konditoren, Marzipan- und Praliné-, Pasteten- oder Soßenkreatoren blieben in den (man sagt: sparsamen) badischen Markgrafschaften wie türkischer Honig haften; aber am liebsten am Bodensee, im Breisgau mit der Münsterstadt Freiburg, auch in der Ortenau um Offenburg, am Kaiserstuhl oder am Hochrhein mit den „Waldstädten" Waldshut, Säckingen, Tiengen, dem Klettgau usw. Hier sprach man von den österreichischen Vorlanden, die sich seit etwa 1300 bis ins Elsaß über den Rhein hin erstreckten. Plötzlich hieß die Suppe aus Rhein- oder Bodenseetierchen nicht mehr Fischsupp, sondern Bouillabaisse, Fadennudeln Vermicelle, Blätterteigpastete Vol-au-vent, aufgeschlagene Buttersoße Sauce hollandaise, belegtes Brot Canapé (erinnernd an die seidenen Canapés Ludwigs XV., auf denen er kniekitzelnd seine Mätressen betörte), Fruchtsaft wurde zu Jus de fruits, Sauerkraut zu Choucroute, Schlagrahm zum österreichischen Obers, Gehacktes zum Hachis, die Morcheln zu Morilles – wohin sollte das alles führen? Selbstverständlich in die genußsüchtigen Mägen. Doch müssen wir gerecht bleiben und auch dankbar sein: Zu dem Käsefondue der Schweizer Nachbarn und ihren eher langweiligen als anregenden Rösti haben sich Frankreich, die deutschen Oberrheinlande und die Vorderösterreicher alle Lorbeeren verdient, die es auf kulinarischem Gebiet im heutigen Baden zu verdienen gab und gibt. Zum Lobe des heimischen Küchenschöpfertums, des stillen, selbstverständlichen unserer Schwarzwälderinnen, Breisgauerinnen, Ortenauerinnen oder Hochrheinerinnen sei vermerkt, daß ohne ihre Vorleistungen aus Garten, vom Acker oder aus dem Keller niemals die von aller Welt gerühmte oberrheinische Küche im Wettlauf mit der französischen hätte bestehen können.

Wenn die badischen Bürger nördlich des Schwarzwalds in dieser Epistel zu kurz gekommen sein sollten, so mögen sie auf den Chronisten schimpfen. Aber seine Schuld ist's nicht, daß weder die Österreicher noch die Franzosen ihnen so nah auf der Haut sitzen wie den alemannischen Badenern. Auch ist es nicht Schuld des Chronisten, daß es in der Dreiländerecke halt wärmer, fülliger, weltoffener, von der Natur gesegneter ist.

Möge es gelungen sein zu verdeutlichen, daß man erstens die „badische Küche" nicht pauschal werten darf – daß sie zweitens von der Baurefuhre bis zum exquisiten Menü alle Klassen der Feinschmeckerei befriedigen kann – daß sie drittens wie gesagt in Mitteleuropa die höchste Wertschätzung unter allen deutschsprachigen Kulinaria genießt.

Hier machen wir endlich Schluß mit einem Seufzer aus dem alten Feuerwehrlied der Waldshuter. Durch ihr Städtlein floß, wie auch in anderen historischen Orten, „die Bach" – in Freiburg noch heute die Bächle –, und am Hochrhein war der Salmen ebenso beheimatet wie der Krebs. Innerstädtische Flurbereinigung machte dem Bach den Garaus. Man trauert ihm noch immer nach:

Das war fürwahr ein schönes Ding,
als man den Krebs im Stadtbach fing.
Der floß nach alter Sitte
durch unserer Hauptstraß' Mitte.

So wie dieser seinerzeit gewiß noch genießbare Krebs das Zeitliche gesegnet hat, so ging es auch vielen urgroßmütterlichen Kochrezepten. Aber wir haben uns bemüht, aus dem allmächtigen Allerlei das Bodenständige, das Köstlichste und auch Neueste herauszufischen.

Nächste Doppelseite: Szenen aus dem Schwarzwald – die alte Bauernstube mit dem schönen Kachelofen strahlt wohltuende Wärme und heimelige Geborgenheit aus. Das typische Schwarzwaldhaus findet sich noch heute in vielen Tälern der silva nigra, *des schwarzen Waldes. Unverwechselbar das tief herabgezogene Walmdach, die bergseitige, hochgelegene Einfahrt zur Tenne, die schönen Holzgalerien. Es ist ebenso ein Symbol für die Erhaltung alter Traditionen in dieser Gegend wie das Kruzifix, die geschnitzte Reiterfigur und die Trachten mit den Bollenhüten der Mädchen und dem „Magenbrot" auf dem Kopf des Mannes. Und es ist nicht nur Touristenattraktion, wenn sich die Bewohner des Gutachtals in ihren Trachten zum Kirchgang zeigen, sondern vielmehr überlieferte und verwurzelte Überzeugung.*

„Lenn's euch schmecke!"

„Ein Land, wo Essen und Trinken als Wert des Lebens so obenan stehen, daß Fremde darin fast schon einen Hang zur Liederlichkeit erblikken ..." (Franz Schneller)

Nichts wäre einfacher, als zu behaupten, es gebe eine badische Küche. Es gibt nämlich deren mehrere. Sie offenbaren ihre Spezialitäten jedoch allesamt unter der Schirmherrschaft der mehr oder weniger gesegneten Landstriche unterschiedlichster Qualität oder heimischer Substanzen, die gar nicht alle so badisch sind. Jeder echte Badener gibt das mit einer gewissen Hochachtung vor der Vielfalt seiner Heimat zu. Und hier und dort weiß der eine nicht, was des anderen Liebkind ist. Im Tauber- und Madonnenland sucht der eine die Chimbäckli vergeblich – der andere sucht im alemannischen Oberland den badisch-fränkischen Kirschenmichel, den Preßsack oder den „Blatz", ohne ihn unter seinem Namen zu finden. Der „Blatz", der Zwiebelkuchen, wurde im Fränkischen des Badenerlandes von jeher mit dem Spruch bedacht: „De Zwiwwelblootsch is de beschde vun alle Bläätscher!" Besonders heikel wird's, wenn auch noch die Kurpfälzer zwischen Mannheim, Odenwald und Mosbach mitmischen und wenn die Kraichgauer zwischen Karlsruhe, Pforzheim, Bretten oder Eppingen vom einen wie vom anderen profitieren und eigentlich wenig zu bieten haben, was die anderen nicht auch hätten. Immerhin aber gibt's im fränkischen Baden den Grünkern als regionale und vielverkannte „Korngöttin". Nicht nur zu Suppen verarbeitet, die etablierte Köche dann „à la Ceres" betiteln, sondern auch zu Küchle, Auflauf und anderen Delikatessen zählt diese kerngesunde Dinkelart neuerdings wieder zu den gepriesenen badischen Spezialitäten.

Wenn jemand im Oberbadischen, so etwa zwischen Baden-Baden und dem Rhein, vom Schwarzwald bis zum Bodensee „Lenn's euch schmecke" sagt, so gehört der gewiß nicht zu den neumodischen Schlemmern. Denn denen bietet man hierzulande das unpersönliche „Wünsche wohl zu speisen" an. Das persönlich heimische „En guete!" sagt dasselbe aus; und wo ein fremder Gast als „Berlinser" erkannt wird, heißt's von Seiten der „Badenser" nach dem Essen: „Hat's gemundet?" In derartigen Fällen schlägt jedem badischen Wirt das Gewissen, weil er sich verleugnet fühlt, und er fügt flugs hinzu: „Wenn's g'schmeckt hat, dürfe se wiederkomme; wenn nicht, bleibe se halt weg." Ja, der Herr von Montaigne konstatierte bereits vor vierhundert Jahren, daß die Wirte im Alemannischen „zuverlässig und ehrlich" seien; dem Gaste geschehe außerdem die Ehre, daß er bei Tische „ein Kissen untergeschoben" bekomme. Wenn aber der Wein selbst dem Wirte ein wenig „zum Beichte isch", so nehme er selbst ein Krüglein und stoße mit dem Gaste an, flüstere „Zum Trost!" anstelle „Prost", um hinzuzufügen: „Ma g'wöhnt sich dra." *O tempora, o mores!*

Schlecht gemeint mit den Sitten im Badischen hat es auch der Herr Froben von Zimmern in seiner Chronik aus dem 16. Jahrhundert; da berichtet er von eines „Pfaffen schleckerhafter Weise", die den Gemeindemitgliedern ein Dorn im Auge war. „Man schüttete ihm oftmals die Schalen von großen Krebsen vor die Tür, oder man hängte ihm viel Rehfüße oder Hühnerbeine oder auch Gräten von großen Fischen an die Tür. Wenn er die dann sah, bedauerte er sehr, daß er damit nicht auch hat essen helfen, und kränkte sich deswegen. Er war so gefräßig, daß er einen ganzen Bratfisch und eine Henne auf einmal essen konnte und dann noch sagte, er wäre krank und nicht lustig aufgelegt ..."

Ich bitte um wohlmeinendes Verständnis, wenn ich's Ihnen, verehrtester Leser, und auch mir erspare, nun einen Katalog all jener über das badische Land füllhornartig ausgestreuten Köstlichkeiten anzubieten. Einige Dutzend werden Ihnen ja ohnehin in diesem „schmackhaften“ Buche serviert – vielleicht sogar die allerbesten.

Aber eines müssen Sie noch über sich ergehen lassen: die Behauptung nämlich, daß sich die Küchen des Badenerlands ungefähr in der Mitte zwischen Österreich und Paris zur Entfaltung brachten. Von allen deutschen Regionen behaupten sie wegen der verfeinernden Einflüsse nach wie vor die Spitze; weniger im Norden und Nordosten des Landes als in seiner Mitte, in seinem Süden und am Bodensee. Der ganz alemannisch durchpulste Schwarzwald hält dabei seine originelle und hartnäckig gepflegte eigene Tradition aufrecht. Sie ist habhafter und erdverbundener als in der von Burgunderwinden angehauchten Oberrheinebene.

Spricht aus den folgenden alemannisch gefärbten Begriffen nicht all jene liebenswerte Lebensfreude und Lust unserer „himmlischen Landschaft“, wie der Deutsch-Franzose René Schickele sie einmal nannte – jene deutliche Liebe zum Überkommenen?

Vielleicht macht Ihnen diese Aufzählung typisch oberbadischer Ausdrücke auch das Studium der Rezepturen leichter.

Beckeofe – im Elsaß beheimatet, Kartoffeln und Fleisch, lagenweise geschichtet, in feuerfester Form zubereitet und in der Form serviert

Bibbeleskäs – Quark, mit dem die Bibbele, die Küken, gefüttert werden; auch „Ziger“ genannt

Bire – Birne

Brägleti Herdöpfel – geröstete Kartoffeln; in der Schweiz kurz „Rösti“

Chimbäckli – Kinnbäcklein (Unterkiefer)

Chräbbima – Gebäck zum Nikolaustag (siehe auch Dambedai)

Chüechlie – kleine Kuchen

Dambedai – Nikolausgebäck in primitiver Menschenform, aus dem Französischen: *d'homme petit*

Dummis – Schmarrn aus Wecken

Eier in Anke – Rührei

Flädle – in Streifen geschnittene Pfannkuchen zur Flädlesuppe

Grumbirestock – Kartoffelbrei, mehr trocken als leichtflüssig

Gugelhopf – Napfkuchen

Gugummere – Gurken

Herdöpfelpfludde – nicht recht übersetzbar, aber um so schmackhafter: aus Kartoffelbrei mit Mehlzusatz werden mit dem Löffel Bällchen gestochen und auf dem Löffel im heißen Fett gebacken

Hutzelbrot – Früchtebrot

Metzgete – Schlachtessen und Schlachtfest

Öpfelbabbe – Brei von süßen Äpfeln, mit einem Teig aus Mehl und Milch gemengt

Öpfeldätschli – kleine Pfannkuchen mit Äpfeln (den „Öpfelküchli“ ähnlich)

Sauwädele – Schwänzchen (gekocht).

Scherben – dünne Küchle, im heißen Fett gebacken, wellig und bläschenziehend

Schnitz mit Speck – süße Äpfel mit Speck gekocht

Schnürrle – Schnauze (gekocht)

Schüfeli – Schulterstücke vom Schwein, geräuchert

Schunke – Schinken

Sugger – kleines Schwein

Suppenfleisch – Ochsenfleisch (Rinderbrust)

Suurampfle – Sauerampfer

Suuresse – Saueressen von Leber, Nierle, Lunge u. ä.

Suurfleisch – Sauerbraten

Suuri Grumbire – braune, saure Kartoffelblättchen

Strüble – Sträublein, ein verschlungenes Gebäck aus dem heißen Fett (Fettschmutz)

Tellersulz – Schweinernes in Sülze

Waihe – Fladen, Hefekuchen

Z'Nüni – das Neunuhrfrühstück

Z'Obe – zum Abend genossen

Z'Vieri – Vesperbrot

Bevor dieses Kapitel verdaut werden möge, kann ich nicht verschweigen, daß mir kürzlich ein Badener im Ministerrang verriet, was man unter „badischen Furzern“ zu verstehen habe. Verzeihen Sie bitte gütigst die ungewollte Anspielung – aber gemeint sind kleine weiße Bohnen, die hierorts selbst zu exquisiten Menüs gereicht werden; sie nehmen also denselben Wirkungswert ein wie die „Posaunentorte“ des Tauberlands (siehe unter Zwiebelkuchen).

„Sürpfle sollst, nit suufe!“

An der blüten- und weinreichen badischen Bergstraße hat der Gustel im „Hirschen“ sich Mut für die Heimfahrt angetrunken. Am Fahrkartenschalter verliert er ein Markstück. „Hee!“ ruft einer, „Sie habet en Markstück falle lasse! Hebt's uff!“ „Uffhebe?“ gurgelt Gustel, „ich soll e Mark uffhebe? Nix da! Wann ich mich bück, laaft mer vor sechs Mark Wei raus!“ So hoch steht der Wein im Norden des Landes im Kurs. Und im alemannischen Süden, im „Rebstock“, verwundert sich ein Fremder darüber, daß ein Einheimischer schon zum Frühstück den gefüllten Weinkrug neben der Kaffeekanne stehen hat. Darauf freundlich angesprochen, kam zur Antwort: „Scho guet! Meinscht, i tät de Kaffee trocke nunnerwurgse?!“

„Ihr Wohl und Wehe hängt vom Wein ab, und die weinlose Zeit ist ihnen die schrecklichste Zeit.“ Dies schrieb der Schwarzwälder Pfarrherr, Volksdichter und Gründer des ersten deutschen Winzervereins, Heinrich Hansjakob, über seine Landsleute. Schauplatz dieser Gründung vom 3. November 1881 war das kleine Winzerdorf Hagnau bei Meersburg am Bodensee. Nach Verbüßung einer Festungshaftstrafe, die sich der junge, ebenso streitbare wie christlich-tatkräftige Gottesmann während des Kulturkampfes in Waldshut zugezogen hatte, wurde seine „Strafversetzung“ an den himmlischen Bodensee zum Segen für die Hagnauer und für den gesamten deutschen Weinbau. Schlechte oder durch Unwetter vernichtete Ernten hatten aus der Not eine Tugend gemacht. Den rigorosen Weinhändlern, die nach mageren Weinjahren die Preise schamlos zu drücken versucht hatten, wurde ein ehrliches, christliches Schnippchen geschlagen: Der neue Winzerverein übernahm die gesamte Ernte, die Preise wurden ohne Nachlaßmöglichkeit fixiert, der Wein gemeinsam gelagert und schließlich zu angemessen höheren Summen verkauft. Das Geschäft lief, es wurde nachgeahmt, und Hansjakobs Prinzip „Besser mit de Gläser anstoße als mit de Köpf“ hatte gesiegt. Heute, nach genau einhundert Jahren, wird in Breisach am Rhein und Kaiserstuhl die größte und modernste europäische Kellerei, die „Zentralkellerei Badischer Winzergenossenschaften“, unterhalten. Ihr Superlativ: 160 Millionen Liter Lagerkapazität mit 40 bis 45 % der gesamten badischen Weinerzeugung! Das Musterländle ist nach der Rheinpfalz und Rheinhessen das drittgrößte der elf deutschen Weinbaugebiete, kassiert aber fast jährlich die meisten Medaillen während der offiziellen, spannungsreichen Weinprämierung. „Jetzt ziehen wir den Hut, der Wein, der war so gut!“ sollten wir mit dem genialen Hausvater aller alemannischen Dichter jubeln, mit Johann Peter Hebel aus dem Markgräflerland …

Doch gemach! So gut war er zu seiner Zeit denn doch noch nicht! Und hätte der letzte regierende Markgraf und spätere erste Großherzog von Baden, Karl Friedrich nämlich, nicht im 18. Jahrhundert treusorgend und vorausschauend seine Weinspezialisten wie Spione ins südlichere Europa befohlen, um neue oder ertragreichere Sorten zu erhaschen, dann könnten wir heutzutage zum Beispiel nicht die badische Spezi, den Gutedel, genießen. Man nannte ihn früher auch „Markgräfler“. Karl Friedrichs Versuchsgütern, wie etwa in Durbach bei Offenburg, verdanken wir ebenso wie unseren heutigen staatlichen Gütern und Forschungsanstalten das goldene Plus der Qualitäten. Auch der Nachfahr der einstigen Landesherren, Markgraf Max von Baden, trägt mit seinen badisch-markgräflichen Weingütern, vor allem am Bo-

Hagnau am Bodensee, rebenumkränzt, war Schauplatz der Gründung des ersten deutschen Winzervereins. Das war am 3. November 1881, und die treibende Kraft dieser Gründung, Heinrich Hansjakob, sagte von seinen Badener Landsleuten: „Ihr Wohl und Wehe hängt vom Wein ab, und die weinlose Zeit ist ihnen die schrecklichste Zeit.“

densee, zur Erhaltung und Verbesserung der kostbarsten und seligmachenden „Arznei aus der Himmelsapotheke“ bei. Und wenn ein einsames Weiblein, sehr betagt, mitunter vom Pfarrer zum Vesper geladen wird und ein gutes Viertele vor die feuchte Nas' gesetzt bekommt, dann glätten sich die Runzelchen – es hebt zitternd den badischen Römer und flüstert gläubig: „Halleluja, Herr Pfarrer!“

Hingegen benahm sich ein Graf aus dem Kraichgau, vielleicht auf der rebenumkränzten Ravensburg bei Sulzfeld seßhaft gewesen, so unstatthaft, daß er Hab und Gut durch die Kehle rinnen ließ. Bruchsal, nicht weit entfernt, wird als „Brusel“ liebkost. Aber außer seinem Barockschloß, seinem größten deutschen Spargelmarkt und seinem Zuchthaus ist es nur noch wegen jenes Grafen Kuno berühmt und zur Fasnachtzeit in lauten Munden. Denn dann heißt's: „Meinen Dorscht, meinen Dorscht, meinen alten Brusler Dorscht erben meine Landeskinder, alles andre ist mir worscht!“

Doch zurück zum badischen Wein. Es ist erwiesen, daß nach den Römern der Weinbau schier ungeheure Maße angenommen hatte – gemessen an der damaligen geringen Bevölkerung. Allein 37 Gemeinden trieben im 8. Jahrhundert Weinbau im Markgräflerland; Ende des 9. Jahrhunderts sind im (heutigen) badischen Gebiet 84 Weinorte bekannt, mehr als im übrigen deutschen Weinbaugebiet zusammen. Wer hätte geglaubt, daß schon im Jahre 628 in Ladenburg bei Mannheim die Weinrebe Ruhm genoß?

Daß die Mönche und Fürsten durchweg die weinfreudigsten Zeitgenossen gewesen sein sollen, stimmt nur zum Teil, denn das Heilig-Geist-Spital in Überlingen, reichsstädtisch und wohlbegütert, spendierte jedem Alten, Kranken oder Siechen täglich „drei badische Maß“, umgerechnet 4,5 Liter! Die Klöster um den Bodensee benötigten jährlich 24600 Hektoliter... Nun frage noch einer, woher die badische Liebe zum badischen Wein stammt!

In vino veritas – im Wein liegt die Wahrheit. Diesem antiken Spruch kann aber nur zugestimmt werden, wenn es in Wahrheit Wein ist. Zu diesem Thema gingen die Meinungen und Geschmäcker bis ins 19. Jahrhundert – und in gewissen deutschen Weinländern gehen sie auch heute noch – sehr auseinander! Aber die Strafen für gefälschten oder gepanschten Wein waren grausamer als in der Gegenwart; so wurde 1471 ein Winzer Schertweg aus Überlingen frischweg lebendig eingemauert, weil er jahrelang seinem Wein ein Drittel Wasser zugesetzt hatte. Markgraf Christoph I. ließ 1495 die erste badische Weinordnung veröffentlichen, wonach „jegliches Gewächs rein zu belassen“ war, das „Vermischen“ des eigenen Weins mit solchen aus anderen Gauen verboten und die Vergehen mit Strafen „an Leib und Gut“ belegt wurden.

Doch ach – mit dem verteufelten Dreißigjährigen Krieg von 1618 bis 1648 war's mit allen „Herren-, Damen- und Gemeinfreuden“ zu Ende. Allein am Kaiserstuhl blieben von 540 Hektar Rebland ganze 15 übrig!

Erst hundert Jahre später standen die Sterne für das Glück und die Existenz der Winzer wieder günstig. Nicht allein dies – mit Karl Friedrich von Baden-Durlach, unter dem 1771 auch ganz Baden wiedervereint wurde, begannen Wiederanbau und Veredelung. Die von ihm veranlaßten Neuanlagen des Gutedels, dessen Setzhölzer er aus Vevey am Genfer See holen ließ – daher der Gutedel lange Zeit hindurch „Viviser“ hieß –, erließ der Markgraf auch das Verbot des Durcheinanderpflanzens. Reben der Nordlagen und der Ebene mußten verschwinden und an die Südhänge verpflanzt werden, Obstbäume wurden aus den Weinbergen entfernt, die Pflanzung hatte fortan in Zeilen mit genügend großem Abstand zu erfolgen, die Lese mußte wegen der besseren Qualität möglichst spät erfolgen, und die „Weinbehandlung“ mit „bleihaltiger Silberglätte“ oder Antimon wurde unter Strafe gestellt, das Vermischen zweier Jahrgänge in der Absicht, diesen Wein als Produkt des besseren Jahres anzubieten, wurde untersagt.

„Wenige wissen, was der Wein eben nur wenigen offenbart, daß er der goldene Schlüssel zu übersinnlichen Bereichen ist“, schrieb Franz

Schneller. Aber diese Wenigen wurden auch zugleich zu den „Sängern des Weines" wie Viktor von Scheffel aus Karlsruhe mit seinen Trinkliedern oder eben wie Hebel, der die Müllheimer Post bei Badenweiler verewigte:

Z' Müllen an der Post,
Tausigsappermost!
Trinkt m'r nit e guete Wi!

Bei derart g'lüschtigen Landsleuten und derart großen Rebflächen wurde der badische Weinbau alsbald in den Rang einer Wissenschaft erhoben. Qualität, Rentabilität und selbstverständlich die Gesundheit der Genießer standen bei schier unkontrollierbar gewordenen Mengen auf dem Spiel. Viele Hektar unrentabler Reben wurden beseitigt, dafür nur die ertragreichsten und besten Sorten beibehalten. Und schließlich ersann und konstruierte der Apotheker und Goldschmied Ferdinand Öchsle in Pforzheim die nach ihm benannte Mostwaage. Die berühmten Öchslegrade, deren Veröffentlichung in den südwestdeutschen Tageszeitungen bald nach der Lese mit Spannung von allen Bacchusfreunden verfolgt wird, geben frohe oder traurige Kunde von dem, was uns das flüssige Herz des Weins im kommenden Jahr zu schenken vermag. Öchsles Waage sagt nämlich aus, um wieviel 1 Liter Most schwerer ist als 1 Liter Wasser bei 20° C; je größer das Mostgewicht eines Traubenmostes, desto größer ist sein Gehalt an Trauben- und Fruchtzucker, desto höher auch der Alkoholgehalt des kommenden Weines. Dieses Mostgewicht ist zugleich Maßstab für die qualitätsorientierte Einstufung der Weine: Tafelwein (nun auch Landwein) – Qualitätswein – Qualitätswein mit Prädikat (vom Kabinett bis hin zur Trockenbeerenauslese, die in Baden z. B. mehr als 22 % Alkohol bei mindestens 150° Öchsle aufweisen muß).
Doch Sie, verehrte Lese- und Tischgäste, wollen nun endlich wissen und schmecken, welche badischen Weine die wichtigsten sind: Eine entsprechende Aufzählung finden Sie nachstehend, außerdem wurde den Rezepten der Hauptgerichte jeweils eine Sortenempfehlung beigegeben.

Müller-Thurgau

Die Sorte Müller-Thurgau wurde 1882 von dem berühmten Pflanzenphysiologen Prof. Dr. Müller aus Thurgau in der Schweiz gezüchtet aus einer Kreuzung von Riesling und Silvaner, weswegen die Sorte bis zum Jahre 1974 in Baden auch als „Riesling × Silvaner" bezeichnet wurde.

Gutedel

Über die Herkunft des Gutedels gibt es zwei Versionen. Der einen zufolge soll er aus der Türkei an den Genfer See und von dort nach Deutschland gelangt sein; die andere Version verlegt seine Heimat nach Ägypten, wo er noch heute in der Oase Fayum als Tafeltraube zu finden ist. Von dort läßt er sich mutmaßlich zurückverfolgen bis in das Jordantal, wie Funde bei Jericho aufzeigen.

Riesling

Der Riesling genießt Weltruf als „König der Weißweine". Er wird bei uns in Baden in der Ortenau auch Klingenberger genannt. Von allen unseren Sorten besitzt der Riesling die späteste Reife. Er kann deshalb nur in klimatisch erstklassigen Lagen gepflanzt werden.

Silvaner

Der Silvaner war bis vor wenigen Jahren die in Deutschland meistverbreitete Sorte. Er hat sich in Baden auf die für ihn geeignetsten Standorte, vor allem am Kaiserstuhl, zurückgezogen.

Gewürztraminer und Traminer

Rebsortenkundlich sind Traminer und Gewürztraminer als eine Sorte zu betrachten. Die vor-

Nächste Doppelseite: Baden ist ein Land des Weines. Klimatisch außerordentlich begünstigt, können es sich die Badener Winzer leisten, ausschließlich Qualitätsweine bis zum höchsten Niveau auszubauen. Goldene Rebhänge und klangvolle Namen erfreuen das Herz jedes Weinkenners.

Riesling
Auslese
Baden Badener
Rebland
Steinbach
Umweg
Neuweier
Varnhalt
Bühler Rebland
Altschweier

handenen Unterschiede in Reife und Bukett sind darin begründet, daß es sich um leicht abweichende Spielarten einer Sorte handelt. In der Ortenau wird der Traminer auch Clevner genannt.

Muskateller

Eine sehr alte Rebsorte, die sehr hohe Ansprüche an die klimatische Gunst der Lage stellt und nur in vereinzelten Flächen am Kaiserstuhl zu finden ist. Dieser Wein ist eine Rarität.

Scheurebe

Eine Neuzüchtung der Landesanstalt für Rebenzüchtung in Alzey, als Kreuzung von Silvaner und Riesling, benannt nach dem langjährigen Leiter dieser Anstalt, Georg Scheu. Die Scheurebe ist eine sehr wertvolle Qualitätssorte, die nur für beste Lagen zu empfehlen ist.

Nobling

Der Nobling ist eine Neuzüchtung des Staatlichen Weinbauinstituts in Freiburg, hervorgegangen aus der Kreuzung zwischen Silvaner und Gutedel. Er wird im Markgräflerland als Ergänzungssorte zum Gutedel angebaut und hat sich dort einen festen Platz in der Rebsortenpalette gesichert.

Kerner

Er ist die in den letzten Jahren erfolgreichste Neuzüchtung der Staatlichen Lehr- und Versuchsanstalt für Wein- und Obstbau in Weinsberg, entstanden aus einer Kreuzung von Trollinger und Riesling. Der Kerner beansprucht mittlere Lagen und wird vor allem als Ergänzungssorte für den Müller-Thurgau angebaut.

Bacchus

Der Bacchus ist eine Neuzüchtung der Bundesforschungsanstalt für Rebenzüchtung in Geilweilerhof und entstammt einer Kreuzung zwischen Silvaner, Riesling und Müller-Thurgau. Er wird in Baden eine stärkere Verbreitung nur im badischen Frankenland und am Bodensee finden, um dort die relativ kleine Sortenpalette als besondere Spezialität zu bereichern. Im allgemeinen bringt der Bacchus höhere Mostgewichte als der Müller-Thurgau.

Ruländer

Der Ruländer ist, wie sein Zweitname Grauer Burgunder oder Grauburgunder zeigt, eine Sorte aus der Burgundergruppe. Er soll durch einen Speyerer Kaufmann namens Ruland nach Deutschland gebracht worden sein. Er liebt die Wärme und gibt sie im Wein wieder. Der Ruländer, tiefgolden im Glase, darf heute als vorwiegend badische Spezialität bezeichnet werden.

Weißburgunder

Der Weißburgunder ist dem Ruländer und Spätburgunder eng verwandt. Solange die Trauben nicht gefärbt sind, lassen sich diese drei Sorten kaum voneinander unterscheiden. Der Weißburgunder wird auch als Riesling der Burgunderfamilie bezeichnet.

Alle diese Sorten sind Weißweine, woraus man schon die überragende Bedeutung dieser Rebsorten im badischen Land erkennt. Doch auch hervorragende Rotweine werden hier gekeltert, und zwar hauptsächlich aus dem Blauen Spätburgunder.

Blauer Spätburgunder

Er ist die qualitativ anspruchsvollste Rotweinsorte in Deutschland. Der Rotwein des Blauen Spätburgunders, den man auch als Aristokrat unter den Rotweinen bezeichnen kann, ist vollmundig, samtig, reich an Körper und Alkohol und zeigt eine rubinrote typische Burgunderfarbe.

Als badische Spezialität wird aus den Trauben des Blauen Spätburgunders auch der **Spätburgunder Weißherbst** gekeltert, der wie Weißweintrauben ohne Beerenhaut vergoren wird und dadurch seinen charakteristischen altgoldenen bis hellroten Farbton erhält.

Als dritte Variante aus dem Blauen Spätburgunder, in Verbindung mit dem Grauburgunder (Ruländer), wird **Badisch Rotgold** hergestellt. Ein Wein, der die typischen Merkmale der großen Burgunderfamilie zeigt.

„La Gemütlichkeit badoise“

Der französische Schriftsteller Jean Giraudoux hat einmal die Mentalität der Badener als „la Gemütlichkeit badoise“ bezeichnet. Vielleicht schwebten ihm dabei seine Beobachtungen an Weinstuben-Stammtischen vor, die er in den urbadischen Markgrafschaften von Karlsruhe-Durlach über Lahr bis Lörrach gemacht hatte? Diese Gemütlichkeit läßt nicht erwarten, daß sie Zündstoff zu weltverwandelnden Aktivitäten in sich birgt, geschweige denn zu volksweiten Revolutionen. Die einzige (mißlungene) Revolution der 1848/49er Jahre, während der es zum Schluß ganz unbadisch blutig zuging, bestätigte aber zumindest den republikanischen Hang der Badener. Die Revoluzzer hatten ja nichts anderes im Sinn gehabt, als ein deutsches Parlament zu ermöglichen – ob unter reichsdeutscher Fürstenhoheit oder ob Volksregierung, darüber gingen die Meinungen noch auseinander. Der Erfolg: Die bekanntesten Anführer wie Friedrich Hecker, Carl Schurz, Franz Sigel, Gustav Struve oder Lorenz Brentano haben es nach ihrer Flucht in die USA zu hohem Ansehen gebracht. Eigentlich schade, daß sie Baden verlorengingen!

„Baden hat eine etwas zu schmale Taille“, äußerte einmal Stephanie Beauharnais, die Stieftochter Napoleons. Er hatte sie an das badische Fürstenhaus verheiratet, um am Rhein einen vertrauenswürdigen politischen Partner zu haben. Der Oberrhein von Mannheim bis Basel war durch Napoleons berühmte Federstriche auf der Landkarte Europas nicht mehr Streitobjekt, sondern eine Lebensader geworden, freilich auch harte Grenze, doch das erwies sich erst später als tragische Tatsache.

Will man etwas Licht in die verzwickten Familienverhältnisse bringen, so müssen wir jedoch viel weiter zurückblicken! Nach der Völkerwanderung und dem Rückzug der Römer teilten die Alemannen und die Franken das Land in Gaue auf; jene im Süden und Südosten (hierzu zählte auch Schwaben), die anderen im Norden, in Rhein- und Ostfranken. Stammesväter waren die Herzöge, Gauherren die Grafen. Nun lassen sich seit dem 8. Jahrhundert, als die Christianisierung in vollem Gange war, schon ein Graf, bald darauf ein Herzog von Zähringen sehen; dieser wohnte auf der Burg gleichen Namens über dem heutigen Freiburg. Einer seiner Erben, Berthold II., gründete dann diese Stadt. Villingen, Offenburg und andere Städtchen entstanden; Bern und Fribourg in der Schweiz gehörten ebenfalls zu den Zähringersiedlungen. 1218 schloß ihr letzter Machthaber die Augen, nachdem man sich geschäftstüchtig durch Heirat auch in den Besitz der Stadt Baden (-Baden) gebracht hatte. Nebenlinien und Nachkommen der Zähringer – sie hießen unter anderem fünfmal nacheinander Hermann –, erbten immer, wenn ein Zweig entblättert war, noch ein Krönchen dazu. So kamen zu den südlichen Besitzungen eines Tages auch die nördlichen: z. B. Pforzheim, Durlach und Ettlingen. Was aber Familienverhältnisse allgemein so verzwickt macht, ist im kleinen wie im großen immer gleich: Zwistigkeiten, Heiratsärger, Ritterplänkeleien oder später religiöse Querelen zersplitterten die obere und untere Markgrafschaft auch in sich selbst. Schließlich zeichnete sich 1515 ein Markgraf Christoph I. dadurch aus, daß er das Land an seine Söhne Bernhard und Ernst verteilte. So entstanden die „bernhardinische“ Markgrafschaft Baden-Baden und die „ernestinische“ Baden-Durlach. In beiden wurde die Reformation eingeführt, bis die Baden-Badener wieder katholisch wurden, die Durlacher jedoch protestantisch blieben. Ihr erster berühmter Herr war Markgraf Karl Wilhelm aus Durlach. Karl Wilhelms Meriten basierten auf drei hervorstechenden Tatsachen: Einmal gründete er 1715 durch einen Schloßbau im Hardtwald zwischen Durlach und dem Rhein das fächerförmig angelegte „Carolsruhe zu Dero Gemütsergötzung“, zum anderen liebte er die barocke Gärtnerei, vor allem die Tul-

pen, und zum dritten liebte er insbesondere eine ganze Garde von Tulpenmädchen, so daß seine Frau beschämt im Durlacher Schloß zurückblieb. Sein Enkel Karl Friedrich trat 1748 die Regentschaft an, baute Karlsruhe aus und gilt immer noch als der fähigste Fürst Badens auf friedlichem Gebiet. Sein Vetter Ludwig Wilhelm von Baden-Baden, wegen seiner Erfolge als Reichsfeldmarschall und als Sieger über die Türken auch „Türkenlouis" genannt, erntete militärischen Ruhm. Er starb schließlich standesgemäß auch an einer Kriegsverwundung im neuen Rastatter Schloß. So etwa sah's familiengeschichtlich im Ländle bis 1771 aus. Daß mitten unter den angestammten Fürsten auch noch fürstbischöfliche, also kirchliche Territorien, dazu zahlreiche eifrige Hochadelige ihr Daseinsrecht behaupteten und die Landkarte so bunt machten wie einen Mosaikfußboden, das wollen wir wegen der ohnehin vorhandenen Verzwicktheit nur angedeutet wissen.

1771 jedoch vollzog sich auf urbadische Weise ein politisch-geographischer Erdrutsch; denn die Baden-Badener Linie, die ihre teuren Schlösser in und bei Rastatt, in Baden-Baden und in Ettlingen gebaut hatte, starb aus. Mitsamt Land und Leuten inklusive hoher Schulden nahm der Karlsruher Karl Friedrich dieses Erbe entgegen. Er bemühte sich mit tüchtigen Ratgebern, die Finanzen zu ordnen und sonst noch einige rückständige Gepflogenheiten seiner toten Verwandten im nachhinein ins reine zu bringen. Dieser vielbesungene Fürst, Senior aller deutschen Hoheiten (er regierte bis zu seinem Tode im Jahre 1811!), Spezialist für Landwirtschaftsfragen, liberale soziale Reformen und friedliebender Diplomat, hätte dem Nachbarn Napoleon nicht ohne Schaden nein sagen können, als dieser ihm im Frieden von Lunéville 1801 die Kurpfalz, die Besitzungen der Bi-

Meersburg, die Perle am badischen Bodensee, bringt die berühmten Seeweine hervor – volles Bukett, milde Säure, ausgewogene Harmonie. Beherrschend das schöne alte Schloß aus dem Spätmittelalter.

Oben: In einem kulinarischen Musterland wie Baden dürfen natürlich die Spargel, das königliche Gemüse, nicht fehlen. Im Mai ist Saison in Schwetzingen und im Hanauerland zwischen Kehl und Achern. Dann gehen die Spargelstecher schon in aller Frühe und oft noch spät am Abend auf die Felder, um die kostbaren weißen Stangen aus dem sandigen Boden zu holen.

Nächste Doppelseite: Die Gamburg bei Tauberbischofsheim im nördlichen Zipfel Badens. So wie dieses Bild eine kühl-herbe Schönheit beim ersten Schnee ausstrahlt, so fehlt auch der Küche Nordbadens die fröhliche Beschwingtheit und großzügige Phantasie der mittel- und südbadischen Küche. Aber auch diese an die fränkische und schwäbische Grenze stoßende Landesecke hat einiges zum badischen Küchenzettel beigesteuert, so zum Beispiel die originellen Grünkerngerichte.

schöfe von Konstanz, Basel, Straßburg und Speyer auf dem rechten Rheinufer, etliche andere Herrschaften und die freien Reichsstädte zuschreiben ließ. Wiederum inklusive derer Schulden. Daraufhin nahm Karl Friedrich den Titel eines Kurfürsten an, und nach weiterem Gebietszuwachs 1805 und 1806 wurde er Großherzog von Baden; sein Land reichte nun von Main und Tauber bis zum Bodensee. Karl Friedrich, dem wie dem württembergischen und dem bayerischen Herrscherhaus das Königtum angetragen worden war, hatte dies abgelehnt; er wollte lieber „der größte unter den Großherzögen als der kleinste unter den Königen sein“. Das nennt man „la Bescheidenheit badoise“. Die Württemberger und Bayern hatten bekanntlich anders gedacht!

Soweit unser Versuch, die badischen Verhältnisse historisch zu erläutern. Es blieben zwar auch in Zukunft noch genügend Verzwicktheiten, so ganz zum Schluß, 1952, die Vernunftehe zwischen Baden und Württemberg ... doch stochern wir nicht in alten Wunden! Die Badener mußten sich einst mit Napoleons „politischer Kunstschöpfung“ abfinden – und mußten's nun auch mit der anderen. Drum singen sie, die als außerordentlich sangesfreudig bekannt sind, kraftvoller denn je ihren badischen Sängergruß:

Vom See bis an des Maines Strand
Eint uns der Töne mächtig Band.
Hoch deutsches Lied, hoch Badnerland!

Das andere Badenerlied geht mehr ins Detail, und da heißt es:

In Karlsruh' ist die Residenz,
In Mannheim die Farbrik –
In Rastatt steht die Festung ...

usw. Wir ersparen uns das weitere Zitat, denn es paßt nicht mehr in unsere Zeit, leider und gottlob!

Wahrscheinlich kommen wir dem Badischen, das heißt seinen internen komplizierten Verwandtschaftsverhältnissen, am ehesten auf die Spur, wenn wir das Land von Norden bis Süden nach Dialekten abtasten. Selbst die einzelnen Familienmitglieder befleißigen sich zuweilen des gepflegt gesprochenen Schul-Badischen, um einander gut verstehen zu können. Lauschen wir einmal quer durchs Land, über Berg und Tal. Wie berichtet doch der Ur-Karlsruher und Ur-Badener Amadeus Siebenpunkt? „Die Pfälzer brachten ihr Temperament (ins Badische) ein, das Hitzig-Flinke und das Pfiffig-Witzige.“ Die Kirchweihfeste, in der alten Kurpfalz als „Kerwe“ kreischend laut gefeiert – daher der Begriff vom „Pfälzer Krischer“ –, sind mitsamt den Weinfesten beliebte Zusatzvergnügungen. Eröffnete doch der Arzt einer Sechzehnjährigen aus Handschuhsheim einige Wochen nach dem leichtlebigen Fest, daß sie ein Kind zu erwarten habe. „Waas?“ staunte ungläubig die werdende Mutter, „vun dem bissel uff de Hendessemer Kerwe?“ Fast könnte man meinen, das Mädchen habe unbewußt dem pfälzischen Prinzip gehuldigt, wonach man ganz dem Irdischen zugewandt ist: „For sunscht nix do als for ze profitiere.“

In der Rhein-Neckar-Ecke, wo zwischen Spargelfeldern und Tabakäckern die Fabriken – wie in Mannheim – „blühen“, reimen sich „Worscht“ und „Dorscht“ wie „Rhei“ und „Wei“. Die „Mannemer Bloomäuler“ behaupten auch: „E sauwere Fraa braucht Sülz im Korsett“, oder sie „hot so e goldiche Gosch“. Auch das einst hochgestochene Heidelberg, gewesenes Gralswunder der Romantik, gehört in diesen Raum der „Neckarschleimer“. „Es gibt nur ee Europa – un des is unse Altstadt“, heißt's heute bescheiden. Vor hundert Jahren aber mahnte der Wirt vom „Weißen Schwan“ noch den studierenden Prinzen eines Kleinstaates väterlich: „Langsam, langsam, junger Mann, so e klee Ferschtedum is glei versoffe!“

Schnell ein Sprung in die Stadt der „Goldschnipfler“, nach Pforzheim, genannt Pforze.

Grad um Pforze rum, Kreuzdeifel,
is die Mischung ohne Zweifel
in der Genealogie
fein durch d'Bijouterie,
die aus aller Herre Länder
herzieht feine Elementer ...

Der Lokalpoet und Goldschmied Straubinger schrieb solches, wobei er freilich vergaß, daß seine alte markgräfliche Residenz ihren goldenen Sonderfall der ersten Gemahlin Karl Friedrichs zu verdanken hat. Denn sie war's, die im Pforzemer Waisenhaus eine „Bijouterie" als Beschäftigung für die Kinder installierte.

Die einstige großherzogliche Residenz, dann badische Landeshauptstadt, danach nur noch bürokratischer Hort eines Regierungspräsidenten – zum Ausgleich jedoch heute bundesdeutsche „Residenz des Rechts" – dieses einstige barocke Carolsruhe ist unter anderem durch den „Brigandespruch" „Dummel numme du de" bekannt geworden. Das entspricht etwa dem Sinn der Worte, die einer einem Beamten zuruft: „Schaffsch widder, odder hocksch noch uff em Rothaus?" Amadeus Siebenpunkt schrieb: „... auch während des üblichen Jahresablaufs liegt über der Stadt ein gemäßigtes Klima, für Pfälzer Krischer vielleicht sogar ein langweiliges." Ja, die eng benachbarten Pfälzer behaupten: „Bei uns in de Palz iss es bei einer Leich (Beerdigung) lustiger als bei eich iewer die ganz Fasnacht!"

Da klingt es doch im alemannischen Mittel- und Südbaden anders. „Woni gang und stand, wär's e lustig Land", sang Johann Peter Hebel. Die Alemannen haben ihre eigene Sprache, ja, sogar ihre eigene Grammatik, so daß nicht von einem Dialekt gesprochen werden kann. Diesseits und jenseits des Rheins und des Bodensees fällt die Verständigung – so und so – nie schwer. Ihre Sprache ist verbindend und von kurzer Prägnanz, gelassen und gottergeben wie die Menschen, und man tut sich schwer, Standesunterschiede einzuhalten. Wenn die Marktfrau auf dem Freiburger Münsterplatz ruft: „Herzele, uf was hesch Gluschte?", so ist's ihr gleichgültig, ob sie die Professorsfrau, die Oberin vom Krankenhaus, den Bürgermeister oder ihren Nachbars-Bobbele vor sich hat. Unter den Bobbeles – eine typisch Freiburger Kreation – war der Baron Franz von Neveu, Weingutsbesitzer und Stammtischhocker, gewiß der bekannteste. Stammstube war das „Oberkirch" am Münster. Der „Franzele" wohnte jedoch jenseits des schönen Gotteshauses. Um nun auf dem schnellsten Weg ins „Oberkirch" zu gelangen, stolzierte er durch das kleine Nordportal, quer durchs Kirchenschiff – ob Gottesdienst oder nicht – und zum Südportal gegenüber dem „Oberkirch" wieder hinaus. Als im August 1914 der Krieg gegen Frankreich erklärt wurde, hat Franzel entsetzt ausgerufen: „Nai! Wenn der Kaiser g'wußt hätt, daß mir jetz in de Herbscht neikomme, hätt er ganz g'wiß kei Krieg ag'fange!"

Im Hochschwarzwald, im Markgräflerland und am Kaiserstuhl hat sich Hebels Sprache am reinsten, am ehrlichsten erhalten. Nur geübte fremde Ohren verstehen, was das Maidli sagen will, wenn es seinem Burschen zuruft: „Chummsch hit z'Obend zum Chuchifenschterli?" Da liegt noch Frieden drin, da spürt man Geborgenheit, mögen auch die Höfe noch so weit auseinanderliegen. Und wenn auf Hebels Spuren in der Auggener oder Kanderner Gegend der Pfarrer namens Speck mit dem Vikar namens Kühlewein die Dorfstraße hinabspaziert, so heißt's selbstverständlich: „Das Z'Nüni isch unterwegs!" – zum Wirtshaus natürlich, zu Schwarzwälder Speck, zum Kirsch und kühlen Wein.

Bleibt uns noch der Abstecher an den Bodensee, fälschlich das Schwäbische Meer genannt; denn die Schwaben und Bayern haben zusammen nicht einmal ein Viertel derjenigen Uferlänge inne, die dem alten Baden gehört. Doch die großzügig bescheidenen Badener haben nie Wert auf die Benamsung „Badisches Meer" gelegt. Für die alemannisch-badischen „Dammglonker" unter den „Seehasen" ist der „Lac de Constance", wie die Franzosen sagen, ganz einfach „der See". Die Dammglonker, jene luft- und sonnenhungrigen sympathischen Nichtstuer, teils philosophierend, teils grübelnd, wieviel Kilo mehr der „rackerte" Fischernachbar heute im Netz als gestern hatte, die stellen die Weltenuhr nach ihrem Geschmack – „unn wie's au wumselt um'n rum, der Andres, der hot Zit", sagte Karl Saettele. Diese Großzügigkeit ist alemannisch-badisches Erbteil, sozusagen musterhaft, und gehört zur toleranten

„Gemütlichkeit badoise“ – so der Gesetzgeber nichts einzuwenden hat!

Ja – „heimliche Pfiffigkeit, die sich unvermutet wie eine Falltür öffnet“, so sagt Amadeus Siebenpunkt, kontrastiert mit der etwas schwerfällig daherpurzelnden Art der nordbadischen Franken. Ihr herbes Temperament läßt nur selten die blitzende Schlagfertigkeit der Alemannen zu. Aber auch die unterscheiden sich buntscheckig voneinander wie Onkel und Neffe, wie Mutter und Tochter. Der dreigeteilte Schwarzwald vom Murgtal im Norden über die milde Mitte des Kinzigtals bis hin zum Hotzenwald im Süden offenbart ein ganzes Glockenspiel unterschiedlichster Töne und Laute. Sprachforscher vermelden hier niederalemannische und oberalemannische Mundart. Herzen und Gemüt aber gleichen sich wie ein Ei dem anderen. Es geht auf und ab im Badischen – kein Ende der endlos in hundert Büchern zitierten Sprüch' und Witz', Gschichtles und Legenden. Schließen wir, wie sich's gehört, mit kulinarisch gefärbter Nachspeise; diesesmal gereicht vom Bauerndichter Theo Gempp aus Ötlingen im äußersten Markgräfler Süden:

Wone guete Wii im Cheller,
Öbbis Schwinis uffem Teller,
Une bravi Frau schenkt i,
Luscht und Fride isch derbi,
Une treue Fründ als Gascht,
Do isch halt e gueti Rascht.

Nächste Doppelseite: Auf halber Höhe zwischen Baden-Baden und Offenburg liegt das verträumte Sasbachwalden, eines der schönsten Dörfer Deutschlands. Hier lassen sich's drei gut gehen bei warmem Zwiebelkuchen und neuem Wein. Schon die römischen Legionäre schätzten den Zwiebelkuchen aus dieser Ecke ihres Reiches, und bis heute hat die „Posaunentorte“, der Zwiwwelblootsch, nichts an Beliebtheit eingebüßt.

Politiker und Poeten, Sublodere und Bollehüt

Dem Spruch gemäß „Der Mensch lebt nicht von Brot allein" kann Baden sich schmeicheln, einige seiner heiligen Geistes- und Kurfürsten gleichsam als kulturelles Futter auf die reichgedeckten Tische legen zu dürfen. Als Dessert kämen allerdings auch noch die Namen etlicher Wissenschaftler hinzu und zum Vesper sichtbare Errungenschaften und Kuriosa, die eine riesige kalte Platte füllen würden. Von der liberaltoleranten Volksführung durch die sparsamen, menschenfreundlichen badischen Fürsten war schon anderweitig die Rede. Daß in ihrem Jahrhundert der Begriff „Musterländle" das weltliche Licht erblickte, das bestreiten sogar die Schwaben nicht. Und daß es ein badischer Großherzog war, Friedrich I., der 1871 den preußischen König Wilhelm in Versailles zum deutschen Kaiser Wilhelm I. ausrief, das danken uns die Preußen noch immer. Auch daß es dem Prinzen Max von Baden als letztem kaiserlichem Reichskanzler gelang, Kaiser Wilhelm II. nach dem verlorenen Ersten Weltkrieg endlich zum Thronverzicht gewissermaßen zu erwekken, das war gleichfalls eine musterhafte Tat. Und dieser Max von Baden – den man den „Linken" nannte – legte sodann am 9. November 1918 Friedrich Ebert als erstem Reichspräsidenten „das deutsche Reich ans Herz". Wer war Friedrich Ebert? Ein Badener aus Heidelberg. Und wo funktionierte das erste deutsche Parlament nach 1850 reibungslos? In der badischen Residenz Karlsruhe. Lassen wir noch einen staatspolitischen Sektpfropfen auf die Markgräfin Amalie knallen: Ihr, der „Schwiegermutter Europas", gelang es, fünf ihrer sechs Töchter unter fünf Kronen zu bringen: unter diejenigen von Bayern, Schweden, Rußland, Braunschweig und Hessen. Sämtliche Landeskinder aus diesen Bereichen wurden von den Badenern natürlich als Verwandte angesehen und behandelt, der Zar von Rußland zum Beispiel in Karlsruhe mit einem Begrüßungstransparent: „Hoch lebe Kaiser Alexander! Er ist unser bester Verwandter!"

Doch auch um unpolitische Kost wollen wir uns nicht mit falscher Bescheidenheit herumdrükken. Zum Zwecke der kurzgefaßten Berichterstattung halten wir uns an Leo Wohleb; nicht an den ersten und zugleich letzten südbadischen Staatspräsidenten (bis 1952), sondern an den Vorkriegs-Gymnasialprofessor aus Baden-Baden. Er beliebte als hartnäckig-alemannischer Verfechter des Altbadischen seinen Unterricht zuweilen mit Landeskunde zu würzen. Einer seiner Gymnasialabsolventen hat mir einmal nach dem zweiten Viertele Riesling Spätlese auf der Yburg angesichts des paradiesischen Oberrheintals rekapituliert, wie diese Lektionen vor sich gingen.

Wohleb (mal im Dialekt, mal akademisch badisch redend): „Zunächst steht mer gefälligst auf, wenn ich eiträte! Un dann bleibet mer so lang uffrecht, gefälligst, bis das teure Wort ‚badisches Muschterländle' g'falle is. So – jetzt isch's g'falle! Sätze!"

Es folgte die Examination: „Friedel Lotsch! Warum heißt man uns Muschterländle?"

„Weil mer de Quelle vom größten Strom Europas habe, de Donau, un weil mer de schönste Insel von Deutschland habe, de Mainau, un weil mer de kält'ste Punkt von Deutschland habe und de wärmste, de eine uf der Baar bei Donaueschinge, de anner am Kaiserstuhl, un weil mer de Erfinder vom Fahrrad habe, de Drais, und de Erfinder vom Benzinmotor un de erschte Daimler-Benz-Auto un de erscht Zigarettefabrik vom Batschari in Bade-Bade un de schönscht un beliebteste Spielcasino un de Graf Zeppelin von Konschtanz un de Ingenieur Gerwig, der wo de schönscht Bergbahn mit 37 Tunnels konstruiert hat und de Gotthardbahn dazu, un in Freiburg hat der Berthold Schwarz das Schießpulver erfunne und de erste Eisebahn habe mer auch gehabt ..."

„Halt. All's schön un gut! Aber jetzt tät ich doch gern was Geistiges vernehmen. Wie wär's, Franzel Kümmerle, dein Vater ist doch Oberschulrat. Wie und warum ist unser Badnerland auch auf geistigem Gebiet ein Muschterland?"

„Mein Vadder meint immer, Badens schönster geistiger Inhalt sin die Edelbrände un die Schnäps, so da sind: Kirschwasser, Quetsch, Mirabell, des Zibärtle, der Kutscher, der Hefe für de Verdauung, der Topinambur, der Himbeer, der Obstler usw. Damit wären wir allen vaterländischen Gauen spirituell weit voraus un weltberühmt. Un dann meint Vater, auch der Moscht gehört dazu, ganz abgesehe vom Neue un vom Suser un natürlich vom Weine. Auch's viele Bier, was außerdem 's bescht von alle Biere ist, sagt Vater ..."

„Genug, Kümmerle! Du machst mir Durscht! Ich hatte aber die Gaben des menschlichen Geistes gemeint. Was hat Freund Oskar Wehrle wohl hierzu zu vermelden?"

„Erschtens, Herr Professor, habe mer in Todtnau im Schwarzwald de erschte deutsche Schischul gehabt, un in de Residenz die erschte deutsche Technische Hochschul un's erschte Mädchengymnasium, was ich für meine Person für überflüssig halt, un in Heidelberg un in Freiburg de berühmteste Universitäte, un de erschte Mensch is bei Heidelberg ausgrabe worde, er heißt homo heidelbergensis; aber's Gehirn hat man net mehr gefunde."

„Danke, Oskar. Aber wir sind immer noch nicht beim schöpferischen Geist unsrer lieben Landsleute angelangt. Wie steht's wohl um diesen schöpferischen Geist, lieber Hannes Seiterle?"

„Mei Mudder sagt immer, die Gastwirt un Reschtoratöre schöpfe bei de Gäscht den Rahm ab, den se in der Supp vergesse. Aber sonst könnte se koche wie in Frankreich, un alle Gäscht, die aus aller Welt ins Badische komme, täte sich nach jedem Esse und nach alle Viertele de Finger schlecke, un se sagt, bei uns werde de Zwetschge am frühesten reif un sind die dicksten."

Hier unterbricht der Professor empört: „Ja, bi Gott, henn ihr denn nix anders in de Köpf als Schischule, Suufe und Fresse? Habe ich euch Holzköpf nix gelehrt vom ersten deutschen Romanschreiber Grimmelshausen, der zugleich Burgvogt, Gastwirt in Gaisbach und Bürgermeister von Renchen war? Der genialste Gastwirt, den's nur bi uns im Badische geben kann! Tausendsapperment – un wer war der Abraham a Sancta Clara un der Moscherosch un der Jörg Wickram von Burkheim un die wilde un süße Minnesänger un der Hebel, Kreuznochemol! Un de Hans Thoma als oberster Künstler und der Scheffel als Trompeter von Säckinge un der Liederkomponist Kreutzer von Meßkirch – die sinn euch wohl net eingfalle? Un daß 's einzige Konzil in Deutschland auf badischem Bode in Konstanz vonstatten ging, wo man so unbadisch den Hus verbrannt hat – un daß Schillers Räuber nicht im deschpotischen Schwaben, sondern im liberalen Mannem uraufgeführt isch worde – un daß der Humanismus mit dem Pforzemer Reuchlin un in Freiburg mit dem Melanchthon seine Höhenflüge erreichte un dann in Basel, das noch badisch war derzumal? Tusignochemal! Euch kann man beibringe, was man will – wenn man's wieder höre möcht', bringt'ers aber alleweil nicht wieder bei! Uffstehe jetzt – un sage: wir läbe im Musterländle!" (Alle erheben sich und sagen es.) „Danke! Nu goht heim un grüßt Mudder un Vadder, un se solle euch net so viel dumm's Zeugs vorrede."

Inwieweit mein Tischgenosse nun Wahrheit mit Dichtung mischte, weiß ich nicht zu sagen. Da er aber selbst längst ein „Professor der Zoologie" ist – womit er die Volkskunde meint, dabei tiefgründig blinzelnd –, so wollen wir ihm diese kleine selbsterlebte Szene gern abnehmen.

„Und horch", sagt er, „die Fasnet hat der Wohleb ganz unterschlagen gehabt. Dabei gibts nur *eine* Fasnet auf der Welt, das ist die alemannische. Alles Gemisch-Gemasch und Firlefanz, was in den Großstädten tollt, ist Fasching oder Karneval, vom Rheinland exportiert bis Rio und zurückimportiert bis München. De Fasnet geht still vor sich. Sie hockt den Alemannen im Blut, sie ist eine ernste Sache mit 'nem Schuß

Weit über die Grenzen hinaus sind sie bekannt – die geistigen Wässerli aus badischen Landen. Chriesiwasser (Kirsch), Schlehenschnaps, Himbeergeist, Quetsch (Pflaumen oder Zwetschgen), Mirabell, Hefeschnaps und Topinambur (Schnaps aus der Erdartischocke) werden hier mit Hingabe und Liebe gebrannt, und es gibt unzählige kleine und kleinste Brennereien, die praktisch für den Eigenbedarf und höchstens noch für ein paar gute Freunde die Naturschätze Badens destillieren.

Aberglauben und Hexerei, sie gehört zum Jahresablauf wie Weihnacht und Ostern, sie hat ihre eigenen Gesetze, sie trägt sozusagen die Handschrift einer Urgewalt. Am Schmotzigen Dunschtig geht's los (Donnerstag vor Fasnet); freilich erst in Mutters Küch: Sie backt die Fasnetküchle in ‚Schmutz' oder ‚Schmotz', de Fremde sage Schmalz dazu. Nu beginnt's im Blut zu rumoren, so wie in der Erde die ersten Geister des Vorfrühlings den Winter überrumpeln, so wird's in den Familien kribbelig, und's kruschelt in den Köpfen. Jo, bi Gott – d'Narre sin mengmol g'scheiter wie d'andre Leut! Taglang von Dunschtigmittag bis Aschermittwoch lassen se jetzt de Luft von dem 'naus, was sich's Jahr über angestaut hat. Kei Bürgermeischter, kei Pfarrer, kei Staatsanwalt, kei Polizischt darf da einschreite! Zudem erkennt einer den andern nicht, denn sie sind alle vermummt und ‚schnurre' sich manch Geheimnis ins Ohr, wovon der Nachbar gemeint hat, der andre Nachbar tät net wisse, daß der Nachbar alles weiß. Un nu tolle se herum, von Konstanz bis Überlingen, von Stockach bis Villingen, von Freiburg bis Offenburg, von Elzach bis Wolfach. Die hölzerne ‚Schemme' vorm Gesicht, das ‚Fleckle-' oder ‚Blätzlehäs' am Leib, die feuerroten oder bunten Stoffzottelgewänder, die von Ort zu Ort anders sind. Mit de ‚Sublodere', die Schweinsblas', schlagen die Schuddige aufs Pflaster, so wie die Schnabelgiere in Überlingen mit Stoffrüssel un Karbatsche um sich knallen. Dann sind da die barocken pausbäckigen Hansele, die Stachi – und wenn's recht ‚d'rgege goht', die Staufener und Offenburger Hex'. Überall klingelt das Geschell am Blätz, wo gehüpft wird und gesprunge, und de Tschättermusik läßt einem das Trommelfell platzen. – Siehgscht", seufzt mein Professor beim nächsten Schlochzer, „und mit so emme Bestiarium muß ich mich mein Leben lang herumschlage un de Studente vorsinge ‚Hoorig, hoorig isch de Katz' – oder wie die Wolfacher, wenn de Fasnet ih-

Vom Klima begünstigt, wächst vorzügliches Obst im Badener Land. Seit eh und je verstand man es hier, die beliebten Obstwässerli zu brennen. Unser Bild zeigt alte Chriesiwässerli-Flaschen.

nen das Geld verschluckt hat, bei der Beutelwäsch: ‚Hättsch di Mul mit Wasser g'riebe, wär dir s' Geld im Beutel bliebe' – wobei echte Tränen aus den weinroten Augen tropfen."

Als mein Stammtischfreund auf die farbigen alemannischen Trachtenbilder an der Holzwand wies, kamen dem Volkskundler beinahe ebenso echte Tränen. „Wo siehgscht so ebbes Schön's heut noch? Vom Hotzenwald über St. Märgen, von Villingen und vom Gutach- bis ins Kinzigtal habe se ihre kostbare Trachte geehrt, de Kinder un de Eltern, de Fraue un Männer. Und nun? Bei de Verkehrsämter uff de Plakate – de rote Bollehüt' als Schwarzwälder Etikett uff jede Chriesiwässerli-Flasch un bei de badische Weinwerbung, un de Maidle beim Werbefeldzug in Amschterdam un bei de Preuße. Bi uns trage se die Trachte nur noch an Fronleichnam, manchmal zu Hochzite und manchmal, wenn die Urgroßmudder de Hundertste feiert. G'nau so ist's mit unsre Kuckucksuhre – ‚Coo-Coo-Clocks' steht an de Schaufenster, alles machet de Industrie. Proscht! Un jetzt gange mer!" Beim letzten Händedruck flüstert er: „Aber so guet wie unsre badische Industrie machet es kei andre, nit emol de Schwabe."

Was gäbe es an dieser Überzeugung herumzudoktern? Sie ist ebenso badisch-alemannisch treuherzig wie knitz. Auch der Schwabe Julius Weber sagt, selbst wenn die Alemannen einmal „stichlich" reden: „Mit sellen hots koi Gfohr!" Auf hochdeutsch: Sie möchten in Frieden leben und genießen, und allen übrigen Menschen auf der Welt – wie Johann Peter Hebel es wünschte – soll's „glicherwis vo Herze guet" gehn.

Ein Brauchtum ganz eigener Art und Ausstrahlung hat sich im alemannischen Raum erhalten und wird heute wieder mehr gepflegt denn je: die Fasnet oder Fasnacht. Herrliche, farbenprächtige Masken, Larven, Kleidle und Häs sind hier beim wilden Treiben in der Fasnachtszeit zu sehen. Unser Bild zeigt die Larve der Offenburger Hexe, hinter der sich – wie bei allen Hexengestalten der alemannischen Fasnacht – stets nur Männer verbergen.

HOTEL

Diese und die vorangegangenen Seiten sind nun so recht geeignet, uns auf den zweiten Teil dieser kulinarischen Streifzüge durch Baden einzustimmen. Die Doppelseite 46/47 zeigt Jagdszenen aus der Oberrheinebene, in der sich noch immer viele Tausende von Fasanen tummeln. So mancher von ihnen übersteht freilich eine Jagd nicht lebend und landet in einer badischen Küche, wo er meisterhaft für die menschlichen Gourmets zubereitet wird.

Die vorhergehende Doppelseite zeigt eine Jagdgesellschaft nach erfolgreichem waidmännischem Tun beim traditionellen Jagdessen. Dazu gehören Zwiebelkuchen und neuer Wein, Zwetschgenkuchen mit Kartoffelsuppe (eine typisch badische Kombination) und der badische Sauerbraten.

Auf diesen Seiten schließlich präsentiert sich Baden von seiner liebenswertesten Seite – mit seinen schmucken und gepflegten Gasthäusern, in denen Einheimische wie Fremde in einer Weise verwöhnt werden, wie man sie in anderen deutschen Landschaften kaum findet. In diesem Sinne wünschen wir Ihnen, verehrte Leserin, und Ihnen, geschätzter Herr – en Guete, und lenn's euch schmecke!

Daxländer grüne Aalsuppe

Die alten Ägypter beteten diesen schuppenlosen, fettreichen Schlangenfisch gleichsam als Zauberkünstler der Tafelfreuden an. Am Gardasee bauten die Römer als erste Fangschleusen. Im Mittelalter gaben ihm die Feinschmekker den Kosenamen „schöne Helena". Und im Badischen lebt er am liebsten in den noch einigermaßen sauberen Altrheinarmen. In Daxlanden, einst Rheinfischerdorf, heute Karlsruher Vorort, kreiert ein namhafter Koch die besten Aalpasteten außerhalb Rußlands, wo Aal in hundert Variationen genossen wird.

2 frische Aale.
Brühe: 3/4 Liter Wasser, 1/4 Liter badischer Weißwein, etwas Petersilienwurzel, 1 Karotte, 1 Zwiebel, 1 Stange Lauch, 1 Lorbeerblatt.
Etwas Butter, 1 Eßlöffel Mehl, 1 Bund Salbei, 1 Bund Petersilie, 1/4 Liter Sahne, etwas Salz und Pfeffer

Die Aale abziehen und ausnehmen, von der Mittelgräte befreien und in kleine Stücke schneiden. Von den Gräten, Köpfen und der Haut mit dem Wasser, Wein, den Gemüsen und Gewürzen eine gute Brühe kochen (ca. 1 Stunde). Dann die Brühe abseihen. Die Aalstücke mit etwas Butter in einem Topf anrösten, mit Mehl bestäuben und mit der Aalbrühe auffüllen. Den Salbei und die Petersilie im Mixer fein pürieren, in die Suppe geben, die Sahne dazugießen und mit Salz und Pfeffer abschmecken. Die Suppe sachte weiterkochen lassen, bis die Aalstücke gar sind. Dazu frisches Weißbrot reichen und ein gutes Glas badischen Riesling oder Gutedel.

Warmer karamelisierter Apfelkuchen

Der Apfel ist so rund wie die Erde und ist auch so alt wie sie, wenn man die Schöpfungsgeschichten zu Rate zieht. Aus Dankbarkeit für seine biblische und sonstige Beliebtheit bietet sich der Apfel (der ungespritzte, versteht sich!) nicht nur zum Hineinbeißen an, sondern auch in Form von Apfelwein, Apfelschnaps, Most, als Kompott, als Schmarrn oder Strudelkuchen, als Mus, Püree usw. Im obstgesegneten badischen Land von der Bergstraße bis an den Bodensee nehmen die Äpfel in manchem Jahr so überhand, daß – zur Schande der verwöhnten Menschheit sei's gesagt – man ihn schließlich kaum noch beachtet. Vom winterlichen Bratapfel spricht schon längst kein weihnachtsfrohes Kind mehr, leider.

200 g Zucker (je nach Pfannengröße), 1 Prise Zimt, 20 g Butter, 2 – 3 Äpfel, 1 Paket Tiefkühl-Blätterteig

Den Boden einer Stielpfanne etwa 1/2 cm dick mit Zucker bedecken und mit Zimt bestreuen. Butterflöckchen darauf verteilen und die geschälten, geviertelten und entkernten Äpfel dicht nebeneinander hineinschichten. Bei mittlerer Hitze auf die Herdplatte setzen. Sobald sich der Zucker leicht bräunlich färbt, die Äpfel mit dem dünn ausgerollten Blätterteig bedekken. Den überstehenden Teig rasch abschneiden und den Blätterteigdeckel mit einer Gabel einige Male einstechen. Die Pfanne bei 220° C ca. 12 Minuten in den Backofen schieben. Herausnehmen und 2 Minuten ruhen lassen. Noch warm vorsichtig auf eine große runde Platte stürzen und auf vorgewärmten Tellern servieren.

Apfelpfannkuchen

„Der beste Schutz vor der Hölle ist eine gute Küch“, sagt man hochdeutsch im Alemannischen und betont den kulturellen Wert, den man hierzulande der Küche zuschreibt. Zu ihr gehört natürlich auch die Backerei, auf die sich vor allem die Schwarzwälderin etwas einbilden darf. Früher, als es noch kein Lädle hoch droben gab, da war die Bäuerin ganz auf eigene kulinarische Schöpferkraft angewiesen, aus dem Bodenständigen, aus dem Hausgarten und von der Obstwiese ihre sonntäglichen Köstlichkeiten zusammenzustellen. Hier ein Beispiel, wie so etwas gelingen kann.

2 Eier, 30–40 g Mehl, 1/8 Liter Milch, Salz, 2 Äpfel, 10 g Butter, 1 – 2 Eßlöffel Zucker

Aus Eiern, Mehl, Milch und einer Prise Salz einen dünnen Teig herstellen, den man 3–4 Stunden ruhen läßt. Äpfel schälen, vierteln, entkernen und in feine Scheiben schneiden. Die Apfelscheiben in einer kleinen Pfanne kurz in Butter anschwenken. Den Teig darübergeben und die Apfelscheiben von beiden Seiten etwas Farbe annehmen lassen. Zucker darüberstreuen und von beiden Seiten nochmals erhitzen, bis der Zucker karamelisiert. Vanillesoße dazu reichen.

Apfel-Weincreme-Torte

Es wurde schon gesagt, daß viele badische Kuchen und Speisen, vor allem im Oberland, aus österreichischen Rezepturen mundgerecht gemacht wurden. Jahrhundertelang gehörte z. B. der Breisgau mit Freiburg zu den österreichischen „Vorlanden". Die Statthalter aus Wien, Graz oder Innsbruck brachten ihre Köche und Konditoren mit. Und mit ihnen viele „feine Patisserien", Mehl- und Süßspeisen. Natürlich verarbeiteten diese Meister unsere bodenständigen Produkte – und schufen so eine Vielzahl neuer Gerichte.

1 fertiger Blätterteigboden, Aprikosenmarmelade, 2 fertige dünne Schokoladeböden. Weincreme: 400 g Weißwein, 3 Eigelb, 60 g Zucker, 20 g Weizenpuder, 2 Zitronen (den Saft), 8 Blatt Gelatine, 1 Schnapsglas Calvados, 600 g Sahne. Ca. 6 Äpfel, 1 klarer Tortenguß

Den gebackenen Blätterteigboden dünn mit Aprikosenmarmelade bestreichen und einen Schokoladeboden daraufsetzen. Den Weißwein, Eigelb, Zucker und den im Saft von 2 Zitronen angerührten Weizenpuder schaumig rühren. Die Gelatine im Calvados einweichen, darunterziehen und erkalten lassen. Dann die geschlagene Sahne dazugeben. Die Hälfte der Creme auf den Tortenboden streichen, dann wieder einen Schokoladenboden daraufsetzen und den Rest der Creme darauf verteilen. Die Äpfel schälen, in Achtel teilen, das Kernhaus entfernen, in Wasser weichdünsten und auf der oberen Cremeschicht auslegen. Mit dem Tortenguß abglänzen. Die Torte bis zum Anschnitt kühlstellen.

Auflaufkrapfen in Weinschaumsoße

„Liebesböllchen“ hat mein mittelbadischer Meisterkoch diese verführerischen Krapfen getauft. Er behauptet, die Kavaliere der Prinzessin Maria Josepha von Österreich, spätere Frau des Markgrafen Ludwig Georg Simpert von Baden-Baden, hätten diese Kreation vom Wiener Hof mitgebracht. Drum sei es auch erlaubt, sie als „Kavaliersböllchen“ zu bezeichnen. Ob's wahr ist, weiß ich nicht. Aber man könnt's gern glauben.

Teig: 1/4 Liter Milch, 80 g Butter, 50 – 60 g Zucker, 150 g Mehl, 5 Eier, Ausbackfett.
Soße: 1/8 Liter Weißwein, 2 Eier, 2 Eigelb, 100 g Zucker, Saft einer Zitrone

Für den Teig Milch, Butter und Zucker mischen und aufkochen lassen. Das gesiebte Mehl auf einmal in die kochende Flüssigkeit geben und kräftig rühren, bis sich der Teig vom Topfrand löst und einen Kloß bildet. Wenn der Brandteig glatt ist, gibt man ihn in eine Schüssel und rührt hintereinander 5 Eier hinein. Aus der Masse mit einem Teelöffel kleine Bällchen ausstechen und in heißem Backfett ausbacken. Aus dem Weißwein, zwei ganzen Eiern, zwei Eigelb, dem Zucker und dem Zitronensaft eine Weinschaumsoße herstellen. Vor dem Servieren heiß über die Auflaufkrapfen gießen.

Badenweiler Brezeln

Ganz im Gegensatz zu den Laugenbrezeln, seit Jahren spezielle, wenn auch kulinarisch durchaus beachtenswerte Frühstücksnahrung jener Büroangestellten, die nur fünfzehn Minuten Pause haben – oder zum „Veschperviertele“ gegen Abend – ganz im Gegensatz dazu also bieten die Badenweilerer sich süß an. Es heißt, daß Kurgäste in dem alten Römerbad im Schwarzwald zwar kalorienbewußt kuren, daß sie jedoch um die heimischen Brezeln einfach nicht herumkämen, denn diese seien „einmal was anderes“. Übrigens werden gar nicht weit von Badenweiler, nämlich in Kandern, wiederum andere Brezeln gebacken, sie sind eine Markgräfler Spezialität, und ohne sie will der beste Markgräfler Gutedel nie so recht munden!

750 g Mehl, 250 g Zucker, 250 g Butter oder Margarine, 100 g ungeschälte, gemahlene Mandeln, 1 Prise Zimtpulver, 3 Eier mit 6 Eßlöffeln Kirschwasser vermengt, 2 Eigelb zum Bestreichen, 100 g grober Zucker (Hagelzucker)

Auf dem Backbrett das Mehl zum Brunnen formen, die Zutaten hineingeben, alles gut zu einem Teig verkneten und 30 Minuten stehen lassen. Den Teig zu einer dicken Rolle drehen, kleinfingerdicke Scheiben abschneiden, diese 15 cm lang aufrollen und zur Brezel gestalten. Die Brezeln mit Eigelb bestreichen, mit Hagelzucker bestreuen und bei 200° C etwa 10 Minuten backen.

Bohnen mit Schnitz

„Dahin – die alten Küchen!“ rief verzweifelt schon vor über zwanzig Jahren der Freiburger Schriftsteller Franz Schneller. Er befürchtete, daß auch Bohnen mit Schnitz nach und nach das Zeitliche segnen würden. Denn Kinder meinen heute ja, ohne Schnitzel und Pommes frites auf dem Speisezettel ginge gar nichts. Doch bitte, nicht übertreiben! Jüngst war ich Gast in einer noblen Freiburger Professorsfamilie – was gab's? Bohnen mit Schnitz, gottlob! Der Herr Professor schmunzelte und schnalzte, Tochter und Sohn machten wahre Modellgesichter der Freude, und Mutter sagte: „Lenn's euch schmecke!“ Eine glückliche Familie fürwahr, der vor lauter hochgestochenen Berufsessen und Kaviarschnitten der Appetit auf diese vergangen war.

500 g gedörrte Rollbohnen, 250 g gedörrte Birnenschnitz, 500 g geräucherter Schwarzwälder Speck, 1 Zwiebel, etwas Butter

Am Abend vorher die Bohnen und Birnen in Wasser einweichen. Feingeschnittene Zwiebel mit Butter andünsten. Bohnen und Birnen auf die Zwiebel geben, mit Wasser auffüllen. Den in Scheiben geschnittenen Speck beifügen und alles miteinander garen. Um das Ganze abzurunden, wird ein Glas Traminer oder Clevner dazu empfohlen.

Braisierter Bauernschinken

Stoßen Sie sich nicht am „Braisierten“, es bedeutet ganz einfach: garschmoren lassen (aber braisieren klingt halt feiner). Was die empfohlenen Bubespitzle betrifft, jene fingerdick und länglich geformten, fettgebräunten Schupfnudeln, so bleibt es jeder Köchin freundlichst überlassen, ihre Größe oder Dicke phantasievoll der Vorstellung oder der Erfahrung anzupassen. Und beim Schinkeneinkauf sollte man sich eine Kostprobe geben lassen! Frevelhaft handelt jeder Schinkenhändler, der diese Schwarzwaldspezialität anbietet, wenn er weiß, daß sie nicht lange genug abgehangen ist oder mit Sole gespritzt wurde (wegen der „schönen roten Farbe“).

Ca. 1,5 kg Bauernschinken, mild gesalzen und geräuchert, frisches Wurzelgemüse (Karotten, Sellerieknolle, Zwiebel, Lauch), 1/2 Liter Burgunder für die Soße, Stärkemehl

Den Schinken bei mäßiger Hitze im Ofen schmoren lassen, bis er gar ist (je kg ca. 30 Minuten). Während des Schmorens dem Schinken das frische, grob zugeschnittene Gemüse beifügen und mitschmoren. Von Zeit zu Zeit nur das Wurzelgemüse mit etwas Wasser und Burgunder begießen, damit sich ein Bratensaft bilden kann. Wenn der Schinken gar ist, herausnehmen, warmstellen und aus dem Bratensaft eine Burgundersoße unter Aufgießen des Weines und bei Bedarf unter Zufügen von etwas Stärkemehl anrühren. Zum Servieren den Schinken aufschneiden und mit der Soße umgeben. Herrlich dazu schmecken Lauchgemüse und Salzkartoffeln oder Bubespitzle. Ein mittelschwerer Weißherbst, kühl serviert, rundet das Ganze vorzüglich ab.

Badisches Briesle auf Kalbszunge

Anstelle vieler Worte sei gesagt: Nach einem guten Essen kann man allen verzeihen, selbst seinen Verwandten!

600 g Kalbsbries, 2 Kalbszungen, 1 Zwiebel, 1 Lorbeerblatt, 2 Nelken, 500 g Steinpilze, 6 Eßlöffel Butter, Salz, Pfeffer.
Soße: 1/4 Liter Madeira, 1 Schalotte, 1 Estragonzweig, Fleischglace. 1 Teelöffel gehackte Schalotten, Zitronensaft, 1 Bund Petersilie

Kalbsbries in gesalzenem Wasser etwa 12 Minuten köcheln. Im Kochwasser beiseite stellen und auskühlen lassen. Das Wasser abschütten, das Bries in ein Tuch wickeln und mit einem Topf beschweren, damit das restliche Wasser herausgepreßt wird. Die Kalbszungen ebenfalls in Salzwasser mit einer gespickten Zwiebel (Lorbeer und Nelken) weichkochen. Steinpilze putzen und nur kurz in kaltem Wasser waschen. In Scheiben schneiden. Das Bries von Sehnen und Häuten befreien, in Scheiben schneiden und in Butter langsam anbraten, mit Salz und Pfeffer würzen. Die Kalbszungen der Länge nach ebenfalls in Scheiben schneiden und in der Fleischbrühe erhitzen. Inzwischen für die Soße Madeira mit der gehackten Schalotte und dem Estragonzweig reduzieren, dann mit der Fleischglace aufgießen. Das Bries aus der Pfanne nehmen, die Soße in das Bratfett geben und nochmals stark aufkochen lassen. Die geschnittenen Pilze in eine Pfanne mit heißer Butter geben, einen Teelöffel gehackte Schalotte dazu und alles durchschwenken. Mit Salz, Pfeffer und Zitronensaft würzen. Wie auf unserem Bild anrichten und die grobgehackte Petersilie darüberstreuen.

Wein: Leichter Weißherbst oder Silvaner.

Chratzete

So wie es nur im Alemannischen die Saustude, Pißangelie, Seicher oder Pissenlit – nämlich jungen Löwenzahnsalat voll wassertreibender Kraft gibt, so auch nur hier die, den oder das Chratzete. Wer Chratzete vollendet zuwege bringt, der kann sich vor allem bei Spargelfanatikern lieb Kind machen, denn im Südbadischen gehört diese Spezialität zu einem festlichen Spargelmahl. Hier sitzen auch die klassischen Chratzete-Experten, wobei ich die Könnerinnen bevorzuge: Sie zerreißen das Omelette mit der temperamentvollen Energie eines Hennenfußes, denn nur so wird den Teilchen des Teiges ihr besonderer Geschmack entlockt! Es bleibt jeder einfallsreichen Frau, die ebenso gern kocht, wie sie liebt, überlassen, Chratzete auch Fleischspeisen beizugeben.

150 g Weizenmehl, 3/8 Liter Milch, Prise Salz, 4 Eier, Fett zum Backen

Das Mehl in der Milch mit Salz verrühren, Eier dazuschlagen und diesen Teig ganz dünn in wenig heißem Fett, wie zu Pfannkuchen, auf einer Seite goldgelb backen. Den Pfannkuchen wenden und mit Eßlöffel und Gabel in kleine Streifen zerreißen oder kratzen, daher „Chratzete", und noch recht knusprig backen. Beliebte Beilage zu Spargel, aber auch zu vielen anderen Gerichten.

Badische Eierküchle mit Waldbeeren

Die schöne, tief dröhnende alte Glocke im Freiburger Münsterturm heißt nicht nur „Hosanna", sondern auch die „Knöpflisglock". Wenn sie nämlich freitags die Sechse läutete, wußte die Mutter: 's pressiert die Knöpf zu richten! Fürs Wochenende. Knöpfli – enge Verwandte der schwäbischen Spätzle – oder Eierküchle, Apfelküchle oder Kirschenplotzer, die trockenen Gugelhupf-„Dungili" (zum Eintauchen in den Kaffee) und vieles mehr: die Knöpflisglock läutete die Sonntagsschleckereien ein.

1/2 Liter Milch, 1/4 Liter Sahne, 200 g Mehl, 4 Eier, 100 g grober Zucker, Prise Salz, Schweineschmalz zum Ausbacken, etwas geriebene Zitronenschale, Puderzucker, Waldhimbeeren, Waldbrombeeren, Wacholderbeeren, 1 Honigmelone, 1 Schnapsglas Benedictine, 1/4 Liter Sahne

Aus Milch, Sahne, Mehl, Eiern, Zucker und Salz einen glatten Teig rühren und in einer flachen Pfanne im heißen Schmalz hauchdünne Küchlein ausbacken. Diese einmal einschlagen, mit geriebener Zitronenschale und Puderzucker bestreuen. Die Beeren gut zuckern und kühlstellen. Die Melone aushöhlen, Beeren hineingeben und mit Benedictine beträufeln. Pfannküchle mit Schlagsahne getrennt servieren.

Enten-Confit mit sauren Rüben

Daß für dieses südbadische Gericht auch ein französischer Begriff – nämlich Confit – mitverwendet wurde, ist vor allem den kulinarischen Einflüssen des eng benachbarten französischen Elsaß zuzuschreiben. Präzise übersetzt heißt Confit: Eingemachtes, Eingekochtes. Auch die Konfitüre leitet sich davon ab. Die weißen, sauer eingelegten Rüben sind eine sehr wohlschmeckende, wenn auch wenig bekannte badische Spezialität.

*1 Ente (1,4 – 1,6 kg schwer),
5 – 7 Knoblauchzehen, ca. 50 g Salz,
Pfeffer, 2 Lorbeerblätter, ein
Sträußchen frischer Thymian,
1 Eßlöffel Öl, 100 g Gänseschmalz,
2 große Zwiebeln, 1 kg saure Rüben,
1/4 Liter trockener Weißwein,
1/8 Liter Wasser, Salz und Pfeffer*

Die Ente säubern und in vier Teile zerlegen (Brust und Schlegel). Die Knoblauchzehen fein zerhacken, mit dem Salz mischen und dieEntenteile gut damit einreiben und pfeffern. Aus Lorbeerblättern, Thymian und Öl eine Marinade herstellen, die Stücke damit bestreichen und 24 Stunden im Kühlschrank ziehen lassen. In einer Bratkasserolle die Ententeile mit Gänseschmalz goldbraun anbraten, herausnehmen und die feingehackten Zwiebeln im Schmalz glasig andünsten.

Die Rüben 2–3mal wässern, abtropfen lassen, danach mit den Zwiebeln vermengen. Die gebratenen Fleischteile auf die Rüben legen, Weißwein und Wasser dazugießen, Deckel schließen und 60–90 Minuten langsam bei niedriger Hitze ziehen lassen, dann mit Salz und Pfeffer abschmecken. Als Beilage empfehlen sich Pellkartoffeln, als Wein ein Ruländer oder kräftiger, trockener Weißherbst.

Badischer Fasan auf Jägerart

Ob dieser Edelmann unter den Laufvögeln wohl weiß, wie schön er ist? Er könnte jeden Papagei neidisch machen. Und wenn er mit dem Stolz eines Großfürsten in den ungestörten Niederungen der Oberrheinebene umherstolziert und mit Liebesschreien seine Henne herbeilockt, dann hat diese büschereiche, feuchte Ebene noch etwas vom Paradiese an und in sich! Einst stand der Fasan als Fasten- und Klosterspeise in höchstem Ansehen. Wenn im Frühherbst – zuweilen noch – das Halali geblasen wird, geht der kluge Fasan gern in Dekkung. Macht er aber den Fehler davonzuflattern, so trifft ihn mit Bestimmtheit eine Schrotladung.

1 Fasan, Salz, Pfeffer, 50 g Butter, 1/8 Liter Riesling, 60 g Speck, 100 g Pfifferlinge, 50 g eingelegte Perlzwiebeln, 50 g Weinbeeren, 0,2 Liter saurer Rahm, Petersilie

Den vorbereiteten Fasan (gerupft und ausgenommen) innen und außen salzen und pfeffern. Von allen Seiten in einer Kasserolle in der heißen Butter anbraten, bis er eine schöne Farbe hat. Dann gießt man den Wein dazu. Den Fasan ca. 30 Minuten schmoren lassen, aus dem Bräter nehmen und mit der Soße warmstellen. Den gewürfelten Speck und die geschnittenen Pfifferlinge in die Pfanne geben, alles etwas angehen lassen und die Zwiebelchen und die Weinbeeren dazugeben. Vorsichtig umrühren, mit der Soße aufgießen, mit der Sahne binden und alles heiß über den Fasan geben. Mit der feingehackten Petersilie bestreuen und zu Kartoffelbrei oder Kroketten servieren. Dazu reichen Sie einen kräftigen, trockenen Ruländer oder einen mittelschweren Rotwein.

Badischer Fleischsalat

„Je besser das Fleisch schmeckt, desto schwerer ist es zu däuen (zu verdauen)!" sagte Martin Luther, und laut Matthäus Kapitel 26, 41 ist es das Sinnbild der Schwäche, während jeder Metzger das Gegenteil behauptet. Um es nun dem einen wie dem anderen recht zu machen, hat man mit badischer Toleranz dem Fleische verschiedene neutralisierende Zutaten gegönnt, und nun sage einer noch, dieser Fleischsalat sei „schwer zu däuen"!

150 g Fleischwurst (einfach), 1 kleine Zwiebel, 2 Gewürzgurken, 2 säuerliche Äpfel, 2 Möhren, 4 kleine Tomaten, 2 gekochte Eier, 100 g weiße Trauben, kernlos, 50 g Mayonnaise, 2 Eßlöffel saure Sahne, Senf, Meerrettich, Salz, Pfeffer, Paprika, etwas Rosmarinpulver, Petersilie

Die Wurst häuten und in feine Streifen schneiden. Zwiebel und Gewürzgurken fein würfeln und die geschälten, vom Kernhaus befreiten Äpfel feinblättrig schneiden. Möhren schälen und feinraspeln. Tomaten in heißem Wasser abschrecken, von der Haut befreien und würfeln. Bei den Eiern das Eiweiß vom Eigelb trennen. Eiweiß feinhacken und mit den vorbereiteten Zutaten in einer Schüssel gut mischen. Trauben vorsichtig darunterheben. Eigelb durch ein Sieb drücken und mit Mayonnaise, Sahne, Senf, Meerrettich und den Gewürzen verrühren. Über den Salat geben und gut durchmischen. Ziehen lassen und mit Petersilie garniert gut gekühlt servieren.

Auch wenn Baden als ein Land des Weines gilt – zu diesem Fleischsalat paßt vorzüglich ein kühles Bier, denn auch aufs Bierbrauen verstehen sich die Badener vortrefflich.

PFEFFER
ESTRAGON

Forellenfilet auf Sauerampferrahm

(für 1 Person)

Daß die selten gewordene, mit kleinen roten Pünktchen verzierte Wildwasserforelle des Schwarzwaldes internationalen Edelwert besitzt, wissen wir; darum stehen in diesem Rezept auch so gebildete Ausdrücke. Dagegen klingt der Begriff Sauerampfer geradezu sauersauer („amper“ oder „ampfer“ bedeutet nämlich auch sauer). Doch dieser selbstbereitete Sauerampferrahm setzt dem Forellenfilet ein Krönchen auf.

1 Forelle, Salz, Pfeffer, etwas Muskat, etwas Butter.
Sauerampferrahm: 2 Schalotten, kleingehackt, 1 Likörglas trockener Weißwein, 4 Eßlöffel Fumet de poisson (Fischfond, Dose), gut 2 Likörgläser Vermouth, 8 Eßlöffel Crème fraîche, 30 g Sauerampfer, 20 g Butter

Forelle ausnehmen, unter fließendem Wasser gut waschen, abtrocknen und filieren, die Haut entfernen. Die Filets mit Salz, Pfeffer und ganz wenig Muskat würzen. Bei nicht zu starkem Feuer in der Butter garen. Auf dem Sauerampferrahm anrichten und sofort servieren.

Sauerampferrahm: Schalotten, Weißwein, Fumet de poisson und Vermouth stark einkochen lassen. Die Crème fraîche dazugeben und noch kurz reduzieren lassen, mit Salz und Pfeffer aus der Mühle würzen und passieren. Den Sauerampfer „gezupft“, gewaschen und in feine Streifen geschnitten, mit 20 g Butter in die nicht mehr kochende Soße geben und unterschwenken. Diese letzte Phase der Zubereitung muß rasch vonstatten gehen!

Dazu paßt ein Gutedel, Silvaner oder ein mittelschwerer Weißburgunder.

Badische Forellenkrautwickel

Die Forelle, die Franz Schubert noch in seinem zauberhaften Forellenquintett verherrlichen konnte, ist selten geworden. Tief in den Schwarzwaldtälern aber führt sie noch ein gottgewolltes Leben. Hier sollte man sie angeln und im Bachwasserbehälter mit heimnehmen. Ansonsten muß sie die Schule der Zucht durchmachen, ohne daß ihr dies schadet, wenn sie sich in reinem Bergwasser tummelt. Tiefgekühlt verpackt allerdings verliert sie ihr Naturaroma weitgehend!

1 Wirsingkopf, 250 g Forellenfilet, 2 Eier, Pfeffer, Salz, 1/4 Liter Sahne. Soße: 2 Schalotten, etwas Butter, 1/4 Liter Weißwein, 2 kleine Eßlöffel Sahne, 125 g halbgesalzene Butter

Die Wirsingblätter kurz im kochenden Wasser blanchieren. Das Forellenfilet zusammen mit Eiern, Gewürzen und Sahne im Mixer pürieren, bis eine feine, glatte Masse entsteht. Die Masse aus dem Mixer auf die Wirsingblätter geben und fest einrollen. Eine Pfanne ausbuttern und die Forellenkrautwickel darin im vorgeheizten Ofen bei 220° C ungefähr 15 Minuten garen. Für die Soße die gehackten Schalotten in etwas Butter andünsten, mit Weißwein auffüllen und bis zur Hälfte einkochen lassen. Frische Sahne hinzugeben, nach und nach die halbgesalzene Butter einrühren. Zum Schluß mit einem Schneebesen glattrühren. Zum Anrichten die Soße über die Forellenkrautwickel gießen. Als Wein servieren Sie einen kräftigen Gutedel oder einen Weißburgunder.

Froschschenkel Todtnauer Art

Ehrlich gesagt: Ich berichte nur ungern über die schmackhaften, aber wenig ergiebigen Glieder der Frösche. Als modische Delikatesse wurden sie in Snobgesellschaften dereinst zu Hunderten aus überfüllten Schüsseln verschlungen (Saison August bis Oktober). Die Schweizer Eidgenossen wissen, warum sie in ihrem Lande Froschschenkelgerichte nur zeit- und teilweise erlauben: Frösche gehören zur Hauptnahrung der Störche, und unser Freund Adebar kehrt immer seltener aus dem Süden zurück, weil er seine Lieblingsspeise nur noch spärlich findet. Also: bitte Zurückhaltung beim Froschschenkelverzehr.

16 Froschschenkel, 1/4 Liter trockener Weißwein, 1 Knoblauchzehe, 2 Eßlöffel Mehl, 100 g Butter, 2 Schalotten, 1/8 Liter süße Sahne, 1 Eigelb, 1 Bund Petersilie, 1 Bund Schnittlauch

Die Froschschenkel in Wein und zerdrücktem Knoblauch 2 Stunden einlegen. Dann gut abgetrocknet in Mehl wenden und in der Butter anbraten. Anschließend herausnehmen, warmstellen. Inzwischen die gehackten Schalotten in der Pfanne glasig dünsten, mit dem Wein vom Einlegen ablöschen und einkochen lassen. Die Sahne und das Eigelb verquirlen und in den Sud einrühren. Nun die Froschschenkel hineingeben und nicht mehr kochen lassen. Mit gehackter Petersilie und Schnittlauch bestreuen. Dazu gibt es getoastetes Weißbrot, das mit Knoblauch abgerieben wird, und einen kühlen Weißherbst.

Reichenauer Frühlings-Quiche

Mindestens seit dem 9. Jahrhundert werden auf der Insel Reichenau im Bodensee Arzneikräuter, Gewürze, Gemüse, Salate, Obst, dazu ein vorzüglicher Wein angebaut. Damals wurden die Dinge vor allem für den Bedarf des großen Klosters benötigt.

200 g Blumenkohlröschen, 200 g Brokkoliröschen, Butter, Pfeffer, Salz, 200 g Karotten, Zucker, 200 g Blattspinat, Schalotten oder Zwiebeln, Knoblauch, 100 g Gartenkresse, 250 g Blätterteig (aus der Gefriertruhe), getrocknete Erbsen oder Bohnen, Béchamelsoße

Blumenkohl und Brokkoli blanchieren, in Eiswasser abschrecken und in etwas Butter mit Pfeffer und Salz kurz heiß schwenken. Die Karotten schälen, in Scheiben schneiden, mit etwas Salz, Zucker und Pfeffer in Butter glacieren. Den Spinat waschen, blanchieren, abschrecken, leicht auspressen und in einer Kasserolle mit Schalotten, Knoblauch und Butter kurz anschwenken. Die Gartenkresse waschen, blanchieren, abschrecken, stark auspressen und durch den Wolf drehen.

Eine gebutterte Kuchenform mit dem Blätterteig auslegen und mit einer Gabel mehrmals einstupfen. Mit getrockneten Erbsen oder Bohnen auffüllen und in den heißen Backofen schieben. Wenn der Teig Farbe bekommen hat, läßt man ihn abkühlen und schüttet die Hülsenfrüchte heraus. Die Gemüse vorsichtig vermischen und auf dem Teig verteilen. Die Kresse wird mit einer leichten Béchamelsoße vermischt und über den Kuchen gegossen. Den Kuchen bei ca. 180° C im Backofen 1/2 Stunde backen.

Gefüllter Pfannkuchen

Hier wollen wir Ihnen anstelle der Aufzählung von zwei Dutzend Pfannkuchenarten die Verse eines Kraichgauer Biedermannlehrers zitieren:

Für Anne

Die Pfanne
als ein Kücheninstrument
ist etwas, wenn es heiß,
die Finger leicht verbrennt;
der Kuchen drin, der weiß,
daß man ihn Pfannekuchen nennt.
Und schließlich, von der Pfann' getrennt,
wird er mit Lust verzehrt.
Besonders ist er sehr begehrt,
wenn in der Pfannekuchenpfanne
er ohne Kochkunstpanne
und zweimal um sich selbst gekehrt
nicht an der Pfannekuchenpfanne
wie Kleister klebt. Dies merk dir, Anne!

Teig: 4 – 6 Eier, 100 g Mehl, 1 Tasse Milch, 1 Prise Salz, 50 g Backfett. Füllung: 300 g Leber vom Schwein, 200 g Schweinefleisch, Salz, Pfeffer, Cognac, Majoran, Muskat und Nelkenpulver. Panade

Aus Eiern, Mehl, Milch, Salz einen Pfannkuchenteig herstellen und dünne große Eierkuchen im heißen Fett ausbacken. Leber und Schweinefleisch fein durchdrehen und mit Salz, Pfeffer, etwas Cognac und den übrigen Gewürzen abschmecken. Die Masse in die Pfannkuchen streichen, aufrollen und mit einem Schrägschnitt die Länge einmal teilen, wobei die Stücke nicht länger als 8–10 cm sein sollten. Die Pfannkuchenstücke panieren und in schwimmendem Fett ausbacken. Dazu Tomatensoße und grünen Salat servieren und zur Abwechslung ein schönes kühles Bier.

Grüne Bohnen mit Nudeln

Dieses uralte badische Bauernessen vermißt man als „Reisender durchs Ländle" auf sämtlichen Speisekarten – wie überhaupt einen trefflichen Eintopf. Warum? Einmal, weil besonders dieses Gericht eine ausgesprochene Familienmahlzeit für daheim ausmacht, zum andern, weil es zu den sogenannten Verwertungsgerichten gehört. Und die Verwertung übriggebliebener, aber bekömmlicher Reste ist in unserem „Wegwerfzeitalter" fast durchweg verpönt. Zu unrecht. Im Badischen hielt und hält man es so: Wenn zum Beispiel Bohnen im Überfluß geerntet wurden, die trotz aller Einmacherei immer noch nicht weniger werden wollen, so läßt die Hausfrau ihre Phantasie spielen und kreiert Bohnen in allerlei geschmacklichen Variationen, die sie sogar auf Übriggebliebenes von gestern anwendet.

Grüne Bohnen, geräucherter Speck, Butter, breite Nudeln, 1 Zwiebel

Von vorhergegangener Mahlzeit übriggebliebene grüne Bohnen, in denen meist ein Stück Geräuchertes der letzten Hausschlachtung mitgekocht wurde (magerer Bauchspeck oder ein geräucherter Schweinebrustspitz), werden in eine gebutterte feuerfeste Form gegeben. Darauf wird eine Schicht gekochte, jedoch erkaltete Nudeln, etwa 1 cm dick, gelegt, dann wiederum eine Schicht Bohnen. So wird 3–4, manchmal auch 5–6mal mit Bohnen und Nudeln gewechselt, bis die Schüssel voll und die entsprechende Portionzahl erreicht ist. Die oberste Schicht der Nudeln muß etwas gebuttert werden, damit sie nicht zu sehr eintrocknet. Die Dauer des Aufwärmens im heißen Ofen liegt je nach Menge zwischen einer halben und dreiviertel Stunde. Zum Schluß schmälzt man mit gebräunten Schalotten oder Zwiebeln ab.

Grünkernauflauf süß

Warum der köstliche Grünkern nach dem Jahre 1900 jahrzehntelang in Vergessenheit geraten war, ist unerklärlich. Womöglich waren gar Kochbücher jener Zeit mitschuldig, denn in einer dieser urgroßmütterlichen Rezeptbibeln wird noch vor dem „sehr theuren Gelbkorn" gewarnt; man möge nur die beste Qualität einkaufen, am ehesten im „badischen Bauland". Aber vor dem Ersten Weltkrieg fehlten hochgepriesene Grünkernsuppen beispielsweise auch nicht auf dem Speisezettel des großherzoglichen Hofs und desjenigen des württembergischen Königs. Sogar Wiener Köche bezogen das „kostbare Korngut". Eine Landesfrucht mit Krönchen also!

200 g Grünkerngrieß, 1 Liter Milch, 50 g Butter, 4 Eier, 125 g Zucker, 65 g Nüsse, 1 Prise Salz, etwas abgeriebene Zitronenschale, etwas Butter

Grünkerngrieß in kochende Milch einrühren und unter stetem Umrühren langsam zu einem dicken Brei kochen, kaltstellen. Butter, Eigelb und Zucker schaumig rühren. Grünkernbrei, gemahlene Nüsse, eine Prise Salz, abgeriebene Zitronenschale sowie steifgeschlagenen Eischnee dazufügen. Die Masse in eine mit Butter ausgestrichene Auflaufform füllen und 1 Stunde im heißen Ofen backen. Dazu reicht man Weinschaumsoße oder Obst.

Grünkernküchle

Nachdem Grünkerngerichte jahrzehntelang in Vergessenheit geraten waren, erleben sie neuerdings eine Renaissance. Man entdeckte den biologisch wertvollen Gehalt des „grünen Kerns“ an Eiweiß und zahlreichen Mineralstoffen neben wenig Fett. Selbst Gourmet-Tempel scheuen sich nicht mehr, Grünkernklößchen, Grünkernpfannkuchen oder Pichelsteiner Topf mit Grünkern zu offerieren. Im Rezeptbuch des badischen Hofkochs Joseph Willet (1834) wird vor allem ein „Purée von grünen Kernen“ hochgelobt, das mit Röstbrot serviert wurde. – Am ehesten erhält man Grünkern in Reformhäusern oder wohlsortierten Feinkostläden.

100 g Grünkernmehl, 1/4 Liter Wasser, 250 g Hackfleisch (gemischt), 100 g Räucherspeck, 50 g Zwiebel, 1 – 2 Eier, Salz, Pfeffer, Muskat, etwas geriebener Knoblauch, Fett zum Ausbacken

Das Grünkernmehl in 1/4 Liter Wasser einrühren und kochen, bis sich die Masse vom Boden löst. Das fein durchgedrehte Hackfleisch und den würfelig geschnittenen Räucherspeck mit gehackter Zwiebel anschwitzen, 1 – 2 Eier sowie den Grünkernbrei daruntermischen und mit Salz, Pfeffer, Muskat und Knoblauch abschmecken. Aus der Masse Küchlein formen und schön braun ausbacken. Man kann bei Belieben den Satz in der Pfanne ablöschen und eine kräftige Soße zubereiten. Zu den Grünkernküchle paßt ausgezeichnet ein leichter Weißherbst oder mittelschwerer Weißburgunder.

Bauländer Grünkernsuppe

Diese anspruchslose bespelzte Weizenart, weniger poetisch auch Dinkel genannt, gehört seit über dreihundert Jahren zu den Anbauspezialitäten des heute badischen Baulands zwischen Odenwald und Taubergrund. Es heißt, daß der Dinkel einst in Notzeiten vorzeitig geerntet und im Backofen getrocknet wurde: Man entdeckte so den schmackhaften Grünkern. Heute auf Darren oder bei 120° C getrocknet und vom Spelz befreit, wird er zu Schrot, Grieß, Flocken oder Mehl verarbeitet. Je höher der Anteil der olivgrünen Körner, um so besser die Qualität.

Markklößchen als Einlage, 80 g Grünkern (ganzes Korn), 1 Liter Fleischbrühe, 1 kleine Zwiebel, 80 g Butter, 2 Eigelb, 1 Tasse süßer Rahm, 1 Eßlöffel gehackte Petersilie, etwas Salz

Zuerst die Markklößchen zubereiten, in der kochenden Fleischbrühe aufschwimmen lassen, herausnehmen und warmstellen. Den Grünkern verlesen, waschen und auf ein Sieb schütten. Gewürfelte Zwiebel und Korn in Butter in einem Topf anschwitzen, mit der Fleichbrühe ablöschen, ca. 1 Stunde kochen lassen. 2 Eigelb mit dem süßen Rahm verrühren, in die nicht mehr kochende Suppe flott einrühren und über die Markklößchen in Suppenterrinen geben. Gehackte Petersilie daraufstreuen. Es ist darauf zu achten, daß der feine Röstgeschmack vom Korn nicht durch fremde Gewürze überlagert wird.

Gespicktes Hasenlendchen Klosterschänke

Hase ist nicht gleich Hase! Es kann geschehen, daß man einen „*Lepus caniculus*" vorgesetzt bekommt, einen Stallhasen nämlich! Wir aber bevorzugen allemal Meister Lampe mit den langen Löffeln, den Wildhasen, den Hasen vom Berg am ehesten. Denn er nascht in der Höhe am Thymian, und dessen Aroma gibt dem Hasenfleisch eine ganz unverwechselbare Geschmacksnuance.

2 Hasenrücken, 70 g fetter Speck zum Spicken, Pfeffer, Salz, Nelkenpulver, 50 g Speckscheiben, 1 Zwiebel, 1/4 Liter Fleischbrühe, 1/8 Liter badischer Spätburgunder. Soße: 1 Schnapsglas Kirschwasser, etwas Mondamin, 1/8 Liter saure Sahne, Zitronensaft

Die beiden Hasenrücken abhäuten. Die Filets mit einem scharfen Messer vom Knochen lösen und spicken. Die Filets werden nun mit Pfeffer, Salz und Nelkenpuder gewürzt und auf Speck- und Zwiebelscheiben ca. 10 bis 15 Minuten bei mittlerer Hitze goldbraun gebraten. Herausnehmen und auf einer feuerfesten Platte warmstellen. Der Bratensaft wird nun mit der Fleischbrühe und dem Wein durchgekocht. Die Soße mit etwas in Kirschwasser angerührtem Mondamin eindicken. Man gibt alles durch ein Haarsieb. Mit der sauren Sahne und etwas Zitronensaft vollendet man die Soße und gibt sie dann über die warmgestellten Hasenlendchen. Als Beilage sind kleine Pfifferlinge, Spätzle und Preiselbeeren zu empfehlen, als Wein ein kräftiger, trockener Spätburgunder.

Hasenpfeffer

Eigentlich sollte es heißen „Hasenragout mit (oder im) Pfeffer". Übrigens: gepfeffertes Hasenragout von Brust, Kopf, Hals, Leber, Herz und Lunge war ein Lieblingsgericht Casanovas. Wer sich im Leben Casanovas auskennt, wird ahnen, warum er so viel des „scharfmachenden Hasenpfeffers" genoß ...

1 ganzer, frischgeschossener Wildhase.
Marinade: 1/2 Liter Rotwein, 2 Nelken, 1 Lorbeerblatt, 1 Zwiebel, 1 Karotte, 1 Stange Lauch, 1/2 kleine Sellerieknolle, 1 Knoblauchzehe, etwas Petersilie, etwas Hasenblut.
Bratfett, 1 Eßlöffel Tomatenmark, Mehl zum Bestäuben, 1/4 Liter Brühe, Pfeffer

Den Hasen zerlegen und mit den Knochen in Stücke schneiden, einschließlich der Innereien (Leber, Herz, Lunge). Aus Rotwein, den Gewürzen, den Gemüsen und dem Hasenblut eine Marinade zubereiten und den Hasen darin 2 Tage im Kühlschrank zugedeckt ziehen lassen. Dann das Fleisch auf ein Sieb geben, abtropfen lassen, die Marinade aufbewahren. Das Fleisch von allen Seiten im heißen Fett anbraten. Die Gemüse aus der Marinade sowie das Tomatenmark beigeben und mitschmoren. Den Braten mit Mehl bestäuben und mit Brühe auffüllen. Das Ganze 1–1 1/2 Stunden schmoren lassen, bis das Fleisch gar ist. Das Fleisch auslösen und in eine gedeckte Schüssel geben. Die Bratensoße mit gemahlenem Pfeffer würzen, die Marinade unterrühren und nicht mehr kochen lassen, damit das Ganze nicht gerinnt. Die Soße durch ein feines Sieb auf den Hasen passieren. Als Beilagen Pilze, glacierte Kastanien, Preiselbeeren, Nudeln. Dazu paßt ein Spätburgunder Rotwein, kräftig und trocken.

Bodenseehecht nach Art des Herzogs Gunzo

Es heißt, dieses Rezept habe zu der Lieblingsspeise jenes alemannischen Herzogs Gunzo Anlaß gegeben, der im 7. Jahrhundert im heutigen Überlingen residierte. Seither sitzen auch ringsum am Ufer des Bodensees Alemannen.

350 g grüne Bohnen, 400 g Hechtfilet, 4 dünne Scheiben durchwachsener geräucherter Speck, 150 g Butter, 2 Schalotten, 1 kleine Selleriewurzel, Salz, Pfeffer, Zitronensaft, 0,2 Liter Weißherbst, 0,1 Liter Crème fraîche, etwas Basilikum, 3 Eier, 3 Eßlöffel Joghurt, Muskat

Bohnen kernig kochen und warmstellen. Hechtfilet mit Speck umwickeln und mit Zahnstocher festhalten. Etwas Butter in die Pfanne geben und gehackte Schalotten und gewürfelte Selleriewurzel darin anschwitzen, den Hecht darauflegen, Salz, Pfeffer und Zitrone zum Würzen darübergeben. Mit Weißwein ablöschen und zugedeckt etwa 12 Minuten leicht dünsten. Den gedünsteten Hecht herausnehmen, aus dem Speck wickeln und auf dem Bohnenbouquette anrichten. Den Sud absieben und auf die Hälfte reduzieren lassen, mit Crème fraîche und Butter leicht eindicken. In Streifen geschnittenes Basilikum dazugeben, nochmals erhitzen und die Soße über den Hecht gießen. Das geschlagene Eiweiß, Joghurt und Eigelb mit wenig Salz, Pfeffer und Muskat schnell durchrühren und als Hut auf den Hecht setzen. Im Ofen bei 250° C überbakken, bis die Oberseite dunkelblond ist. Als Wein einen leichten Weißburgunder, Ruländer oder Riesling reichen.

Rheinhecht badische Art

Unser gefräßiger Süßwasserfisch bietet bei einem Gewicht bis zu drei Kilo das schmackhafteste Fleisch. Da es etwas trocken ist, dämpft oder dünstet man den ganzen Fisch. Der junge, grünliche Hecht wird auch Grashecht genannt. Kenner halten übrigens die Leber für einen Leckerbissen. Probieren Sie sie!

Ca. 1 kg Hecht, Pfeffer, Salz, etwas Mehl, 2 Eßlöffel Butter, 2 Eßlöffel gehackte Zwiebel, 1 Bund Petersilie, Zitronensaft, 1/4 Liter süßer Rahm, 1 Eßlöffel Kalbsbratensaft

Den Fisch schuppen, ausnehmen und waschen. Mit Pfeffer und Salz vorsichtig einreiben. Leicht mehlen und in einer Pfanne in heißer Butter rundherum goldgelb anbraten. Den Hecht so arrangieren, daß er in seiner natürlichen Form auf der Bauchseite liegt. Dann wird er im vorgeheizten Ofen bei 200 – 220° C gegart. Die Zwiebeln neben den fast gegarten Fisch in die Pfanne einstreuen und in etwas zusätzlicher Butter glasig dünsten. Den Hecht mit der Pfanne aus dem Ofen nehmen und mit reichlich feingehackter Petersilie bestreuen und mit Zitronensaft beträufeln. Jetzt den Rahm dazugeben, mit dem Fond gut vermischen und den Hecht auf dem Herd mit dieser Flüssigkeit mehrmals begießen, um eine gebundene Soße herzustellen. Will man der Soße eine appetitliche braune Farbe geben, mischt man einen Eßlöffel Kalbsbratensaft darunter. Dazu gibt es hausgemachte Nudeln und einen leichten, trockenen Ruländer, Riesling oder Weißburgunder.

Badische Hechtklößle

Zu dieser pompös anmutenden, aber hochkarätig originellen Rezeptur kann man nur sagen: viel Glück und Hochgenuß – dazu einen mittelbadischen trockenen Riesling nicht vergessen!

500 g Hechtfilet, 10 g Salz, Pfeffer, 1 Ei, 400 g süßer Rahm. Fischsud: 4 Schalotten, 1/4 Sellerieknolle, 1 Bund Petersilienwurzel, 1 Bund Dill, 1 kleine Lauchstange, 8 – 10 Pfefferkörner, 50 g Butter, 1/2 Liter trockener Riesling, Hechtgräten, 1 1/2 – 2 Liter Wasser. Soße: 1 1/2 Liter Fischsud, 1/2 Liter trockener Riesling, Crème fraîche, 2 Eigelb, 1 Eßlöffel Butter, etwas frische Sahne, Zitronensaft

Das Hechtfilet waschen, kleinschneiden und durchdrehen. Nun mit Salz, etwas Pfeffer und dem Ei gut durcharbeiten und etwa 2 Stunden kaltstellen. Nach dem Abkühlen die Fischmasse in den Mixer geben und langsam 400 g süßen Rahm hinzufügen. Die fertige Hechtmasse wieder kaltstellen. Ein Probeklößchen formen. Sollte das Klößchen noch zu fest sein, dann muß noch etwas Rahm mit dem Kochlöffel untergeschlagen werden. Für den Fischsud alle Zutaten 1/4 Stunde zusammen kochen lassen. Eigroße Klöße mit einem Suppenlöffel abstechen und im Fischsud 10–12 Minuten bei 90° C pochieren.

Soße: 1 1/2 Liter Fischsud und 1/2 Liter Riesling stark reduzieren, Crème fraîche unterrühren, mit 2 Eigelb und wenig frischer Butter binden und mit frisch geschlagener Sahne auflokkern. Mit Zitronensaft abschmecken. Die Soße über die Klößchen gießen und mit Reis heiß servieren. Grünen Salat dazu geben.

Schwarzwälder Herbsteintopf

Ein Großmutterrezept, wie es im (alten Notiz-) Buche steht! Es sieht recht kompliziert aus, ist es aber nicht – ganz nach dem badischen Prinzip: keine hochgestochenen Begriffe, keine artfremden Zutaten und den Eigengeschmack erhalten. Sie werden beim gemächlichen Verzehr die volle Würze des herbstlichen Hochwalds kosten!

600 g Reh- oder Hirschfleisch (gut abgehangen), 2 Eßlöffel Schweineschmalz, Salz, Pfeffer, 250 g geräucherter Speck (durchwachsen), 3 große Zwiebeln, 1/8 Liter Wacholderschnaps, 1 1/2 Liter Rindfleischbrühe, 4 Kartoffeln, 2 Lorbeerblätter, je 1 Dose (ca. 200 g) Erbsen, weiße Bohnen, Linsen, 2 Eßlöffel Essig, 1/8 Liter saure Sahne, Thymian, Schnittlauch

Wildfleisch in kleine Würfel schneiden, in heißem Schweinefett anbraten und mit Salz und Pfeffer würzen. Speck und Zwiebeln würfeln und mitrösten. Den Schnaps dazugeben und mit Fleischbrühe ablöschen. Rohe Kartoffeln würfeln, in die Brühe geben. Alles etwa 20 Minuten garen. Lorbeerblätter nach der halben Garzeit zufügen. Jeweils die Hälfte der Linsen, Erbsen und Bohnen durch den Fleischwolf gedreht zum Binden mit dem Schneebesen in die Brühe rühren. Die restliche Menge ganz als Einlage dazugeben. Nochmals gut aufkochen, mit Essig abschmecken und mit der Sahne verfeinern. Bestreuen mit frischem Thymian und geschnittenem Schnittlauch und sehr heiß servieren. Dazu Preiselbeeren reichen.
Als Wein eignet sich vorzüglich ein kräftiger Spätburgunder.

Hollerküchle (Holderle)

Beerlesammeln – Waldbeeren, Heidelbeeren, Preiselbeeren, Himbeeren, Brombeeren, Holunderbeeren und auch Holunderblüten – war einst die große Lust der Schwarzwaldkinder! Die später reich gewordenen Beerenschnapsbrenner schickten die meist armen Kinder haufenweis gegen einen kleinen Obolus hinaus, und dabei entstand so manches längst vergessene Liedchen, wie dieses etwa:

Bronne, Bronne, Röhrle,
mer kommet aus de Beerle,
's ischt so e bucklich Mäle (Männlein)
komme,
hot es älle Beerle gnomme.
Drum so schlaget druf ond drei
uf des bucklich Mäle nei!

Aus Ernst wurde Spiel, diese Poesie ist längst gestorben, doch die Holderle sind geblieben und finden sich fast in allen waldreichen Gegenden noch heute.

8 Holunderblüten, 150 g Mehl, 2 Eier, 1/8 Liter Milch, 2 Eßlöffel Öl, Fritierfett, Zucker

Die Holunderblüten waschen, abtropfen lassen und auf Haushaltspapier legen. Aus Mehl, Eigelb, Milch und Öl dickflüssigen Pfannkuchenteig herstellen und Eischnee unterziehen. Holunderblüten am Stiel fassen und in den Teig tauchen. In heißem Fett schwimmend knusprig ausbacken. Abtropfen lassen und mit Zucker bestreuen.

Kalbsleber mit Rösti

Die „Rösti“ sind eine der nicht gerade zahlreichen schweizerischen Erfindungen – aber eine der besten. Und da in der alemannischen Schweiz wie im südbadischen Alemannien die Geschmäcker sich nur wenig voneinander unterscheiden, so gehören Rösti auch ins Badische. Doch hier sind sie – wie man sieht – nicht darauf ausgerichtet, einem Schweizer Heimwehgefühle zu verursachen, denn diese Rösti sind schlechthin badisch und nicht für ein eidgenössisches Vreneli gedacht.

8 Scheiben geräucherter Bauchspeck, 40 g Butter, 250 g kleine Steinpilze oder Pfifferlinge, 1 Bund Petersilie, Salz, Pfeffer, Muskat, 8 Scheiben Kalbsleber à 80 g.
Rösti: 1 kg Kartoffeln (Pellkartoffeln), 2 Scheiben geräucherter Bauchspeck, 1 Schalotte

Den Speck in fingerbreite Streifen schneiden und bei schwacher Hitze gut anbraten. Die Steinpilze in Scheiben schneiden und dazugeben, die grob gezupfte Petersilie unterheben und alles würzen. Daneben die Kalbsleberscheiben ebenfalls von beiden Seiten kurz, bei nicht zu starker Hitze, rosa braten. Die Leber erst nach dem Braten würzen, weil sie sonst zäh wird.

Die am Tag zuvor gekochten Pellkartoffeln schälen und auf einer Kartoffelreibe in nicht zu große Stifte hobeln. Speck und Schalotten in feine Würfel schneiden, kurz anschwitzen und in die Kartoffelmasse geben. Abschmecken und in einer Pfanne von beiden Seiten kroß anbraten. Die Kalbsleber mit den Pilzen und den Rösti anrichten und heiß servieren. Dazu trinkt man einen kräftigen Spätburgunder Weißherbst.

Kartoffelkuchen

Hierzu singe man nach eigner Melodie dieses altbadische Lied aus Offenburg:

Herbei, herbei zu meinem Sang,
Hansjörgel, Michel, Stoffel,
und singt mit mir das frohe Lied
dem Stifter der Kartoffel.

Franz Drake hieß der brave Mann,
der vor zweihundert Jahren
von England nach Amerika
als Kapitän gefahren.

Salat davon, gut angemacht,
mit Feldsalat durchschossen,
der wird mit großem Appetit
von jedermann genossen.

Gebraten schmecken sie recht gut,
gesotten nicht viel minder;
Kartoffelklöße essen gern
die Eltern und die Kinder.

Von Straßburg bis nach Amsterdam,
von Stockholm bis nach Brüssel
kommt Johann zu der Abendsupp
mit der Kartoffelschüssel.

400 g mehlig kochende Kartoffeln, 1 1/2 kg Hefeteig, 400 gKorinthen, Butter, Vanille- oder Zimtzucker

Die gekochten und geriebenen Kartoffeln werden mit dem vorab gefertigten Hefeteig kräftig verknetet. Dann werden die Korinthen vorsichtig in den Teig gehoben. Man vermeide ein zu starkes Drücken der Korinthen in den Teig, weil dieser sonst leicht dunkel wird. Den Teig auf einem Kuchenblech auslegen und mit einem Rädchen mehrere Male kreuzweise leicht darüberfahren. Dann bestreicht man den Teig mit Butter, läßt ihn gut gehen und bäckt ihn im heißen Ofen. Nach dem Backen wird der Kuchen nochmals mit etwas Butter bestrichen und mit Vanille- oder Zimtzucker bestreut.

Schwarzwälder Kartoffelsuppe mit Krachele

Eine Kartoffelsuppe wie diese ist nicht nur ein Polster fürs Gemüt, sondern auch für äußere Körperteile. Die Grumbiere – auf hochdeutsch Kartoffeln (= Birnen aus der Erdkrume) – ist im badischen Offenburg sogar denkmalwürdig geworden, denn hier hatte man in heiklem Übermut den seefahrenden und räuberischen Engländer Sir Francis Drake auf einen Sockel etabliert, weil er angeblich die Erdäpfel nach Deutschland eingeführt haben soll.
Die „Krachele" aber als geröstete Schwarzbrotwürfel, die sind urheimatlich schwarzwälderisch.

2 Zwiebeln, Petersilie, 2 Eßlöffel Butter, 1 1/2 Liter Fleischbrühe, 600 g Kartoffeln, 4 Möhren, 150 g grobe Leberwurst, Salz, Majoran, 4 Scheiben Schwarzbrot, Safran

Zwiebeln und Petersilie kleinschneiden und in heißer Butter hell dünsten. Mit der Fleischbrühe ablöschen. Die kleingeschnittenen Kartoffeln und Möhren dazugeben und weichdünsten. Leberwurst zerkleinern und unterrühren, mit Salz und Majoran abschmecken. Das Brot in Würfel schneiden und in etwas Butter knusprig rösten. Mit Safran bestreuen und kurz vor dem Servieren in die Suppe geben.

Kerbelsuppe

In Urgroßmutters Küchenrezepten hieß das Hausgartengewürz auf gut badisch „Körbel". Als bekanntes einjähriges Doldengewächs wird der Kerbel mit seinem sanften Anisgeschmack gern für Salate, Gemüse, Soßen, Lamm- und Hammelgerichte, Hühnerfleisch oder Kräuterbutter verwendet. Auch heilkräftige Eigenschaften werden dem Kerbel zugeschrieben – man staune: noch im 17. Jahrhundert gar gegen „bösen Hundebiß". Markgräfin Sibylla Augusta von Baden-Baden verschrieb sich im 18. Jahrhundert Kerbeltinktur für bessere Durchblutung und gegen die „Wassersucht", auch gegen Appetitlosigkeit, was in unserem Fall als förderlichste „Arznei" gelten möge!

1 Zwiebel, 50 g Butter, 1/2 kg Kartoffeln, 1 Liter Milch, etwas Salz und Muskat, 4 Teelöffel Kerbelkraut

Die Zwiebeln fein hacken und in der Butter glasig werden lassen. Die gewürfelten rohen Kartoffeln und die Milch dazugeben. Aus diesen Zutaten eine leichte Suppe unter ständigem Rühren leicht köchelnd herstellen. Wenn die Kartoffeln weich geworden sind, die Suppe mit einem Pürierstab mixen, mit Salz und Muskat abschmecken. Den gehackten rohen Kerbel untermischen und in vorgewärmten Tassen anrichten. Einen besonderen Pfiff bekommt diese Suppe, wenn man etwas geschlagenen Rahm und Butter unterzieht. Dazu schmeckt vorzüglich ein noch warmes französisches Weißbrot.

Schwarzwälder Kirschenauflauf

Der römische Feldherr Licinius Lucullus war nicht nur ein hervorragender General, sondern auch ein unverwüstlicher Freund aller Tafelfreuden und Geselligkeiten. Von seinen siegreichen Kriegszügen in Kleinasien brachte er eines Tages nach der Zerstörung der Stadt Cerasus auch die Kirsche nach Italien mit und ließ sie in Hunderten von Plantagen züchten, bis sie auch über die Alpen an den Oberrhein verpflanzt wurde. Ihr lateinischer Name *Prunus cerasus* erinnert noch immer an die eroberte Stadt. Welch ein Siegeslauf einer Kriegsbeute!

100 g entsteinte Sauerkirschen, 75 g Zucker, 1 Schnapsglas Kirschwasser, 50 g Butter, 40 g Mehl, 1/4 Liter Milch, 3 Eigelb, 3 Eiweiß, etwas Butter und Zucker

Zuerst läßt man die Sauerkirschen in einer kleinen Schüssel mit 25 g Zucker und dem Kirschwasser ziehen. Dann läßt man 50 g Butter in einem Töpfchen zergehen, gibt das Mehl hinzu, vermischt beides sorgfältig und stellt es beiseite. In einem anderen Topf kocht man die Milch mit 50 g Zucker und verrührt sie nach einer kurzen Abkühlpause mit der Mehlbutter, bis die Masse ganz leicht anzieht. Dann gibt man die Eigelb hinzu und vermengt das Ganze. Die Eiweiß zu Schnee schlagen und mit den Kirschen unter die Masse ziehen. Die fertige Masse wird in eine ausgebutterte und ausgezuckerte feuerfeste Auflaufform von ca. 1 Liter Inhalt gegeben. Im Ofen bei mittlerer Hitze – ca. 180° C – ungefähr 25 Minuten backen.

Kutteln in trockenem Ruländer mit Pfifferlingen

Nicht jeder höret gern, was Kutteln sind:
Der Blättermagen von dem Rind;
Vom Pansen auch kann hier die Rede sein,
Selbst von Kaldaunen und Gekröse.
Doch so gekocht wird niemand böse,
Die Kutteln gehn wie Balsam ein.

600 g Rinderkutteln, 1 Zwiebel, 2 Nelken, 1 Lorbeerblatt, 1 Liter Rinderbrühe.
Soße: je 60 g Lauch, Sellerie, Karotten, Zwiebel, 80 g Butter, 1/4 Liter trockener Ruländer, 4 g Estragon, 100 g Crème double, Pfeffer, Salz.
Pfifferlinge: 160 g Pfifferlinge, 10 g Butter, 10 g Petersilie

Die Kutteln in feine Streifen schneiden und mit der gespickten Zwiebel (Nelken und Lorbeer) ca. 20 Minuten in der Brühe kochen lassen, sie sollen aber nicht zu weich werden. Die Kutteln aus dem Fond nehmen, warmstellen, die Brühe langsam weiterköcheln lassen, bis sie auf ein Drittel reduziert ist. Für die Soße das in feine Streifen geschnittene Gemüse und die gehackte Zwiebel mit der Hälfte der Butter andünsten und mit dem Wein ablöschen. Die gekochten Kutteln und den Estragon beigeben. Die reduzierte Brühe, die Crème double dazugeben und mit Pfeffer und Salz würzen. Dann die restliche Butter einrühren. Die Pfifferlinge in einer Pfanne mit heißer Butter anschwenken, mit Salz und Pfeffer würzen und die Petersilie einstreuen. Zusammen mit den Kutteln heiß servieren und einen Ruländer oder Weißburgunder dazu reichen.

Lachsscheiben auf Schnittlauchsoße

Einer der gehässigsten Spottverse in deutscher Sprache lautet abgekürzt: „... ist ein Mädchen dick und dumm, wird es Frau von Goethe." Gemeint ist die Weimarerin Christiane Vulpius, die einzige Frau unter vielen, an die Goethe sich für immer band. Das „dumme Mädchen" hat just ein ähnliches Rezept wie dieses für ihren „Geheimderat" erfunden, und die Tafelgäste ernannten sie zur „Königin des Abends". Nachzulesen in den Tagebüchern des Goethe-Freundes Meyer aus der Schweiz. Schnittlauch und Schalotten stammten aus des „dummen Mädchens" Hausgarten, der für vorzügliche Gemüse, Salate und Gewürze berühmt war.

4 Lachsscheiben aus dem Filet à 200 g, Salz, Pfeffer, Zitronensaft, 60 g Butter, 0,4 Liter Fischsud, 0,2 Liter Weißwein der unten empfohlenen Sorten, 2 Teelöffel feingeschnittene Schalotten, 0,1 Liter Sahne, 1 Eßlöffel feingeschnittener Schnittlauch

Die Lachsscheiben mit Salz, Pfeffer und Zitronensaft würzen und in eine gebutterte Form geben. Den Fischsud und Weißwein angießen und mit einem gebutterten Pergamentpapier abdecken. Bei 180° C im Ofen ca. 6–8 Minuten garen lassen. Lachsscheiben herausnehmen und warmstellen. Für die Soße den Fischsud mit den Schalotten einkochen lassen, Sahne beifügen und wiederum zur Hälfte einkochen lassen. Dann die Butter hineingeben und im Mixer kurz aufrühren. Zum Schluß den Schnittlauch hinzufügen. Lachsscheiben anrichten und die Soße darübergießen. Dazu passen Salzkartoffeln, Kartoffelbrei oder Toast.

Als Wein eignen sich kräftige Ruländer, Weißburgunder oder Rieslinge.

Lauchkuchen

An diesem Rezept beweist sich wieder einmal die Tüftelkunst urbadischer Köche. Das Chriesiwässerli hat zu wiederholtem Male die heilsame Aufgabe, einer Art Gemüsekuchen das Krönchen aufzusetzen, indem dieser Hausgebrannte alle möglichen Unarten eines leichten Zwiebelgeschmacks beseitigt. Man muß in diesem Falle sehr behutsam das eine wie das andere dosieren. Auf jeden Fall: eine unverwechselbare Spezialität. Ihre Hausgäste werden überrascht sein!

1 fertiger Blätterteig, 150 g Lauch, etwas Butter, 200 g geriebener Emmentaler, 4 Eier, 1/4 Liter Milch, 1/4 Liter Sahne, Salz, Muskat, Pfeffer, 2 Schnapsgläser Schwarzwälder Kirschwasser

Die Backform mit Blätterteig auslegen. Den geputzten, gewaschenen und in feine Streifen geschnittenen Lauch in Butter andünsten und auf dem Blätterteig verteilen. In einer Pfanne aus Käse, Eiern, Milch und Sahne unter ständigem Rühren bei kleiner Hitze eine Soße herstellen, abschmecken mit Salz, Muskat, Pfeffer und Kirschschnaps. Mit dieser Masse die Form auffüllen und ca. 1 Stunde bei 150° C im Ofen backen.

Badische Lauchsuppe

Hier ist der Porree, auch Winterlauch genannt, gemeint. Eine milde, etwas erdig schmeckene Art der Zwiebelgewächse, Bestandteil des bekannten „Suppengrüns". Allzu viel Lauchgenuß soll schwächend auf die Augen wirken, andererseits entwässert er den Körper, und als Salat kann er eine Köstlichkeit sein. Man verwende nur gartenfrischen Lauch!

2 Zwiebeln, 125 g roher Schinken, 40 g Butter, 1 Liter heiße Kraftbrühe, 4 – 6 Stangen Lauch, Salz, Pfeffer, 1 Eßlöffel Mehl, 1/8 Liter Weißwein, 2 Eßlöffel saurer Rahm, 2 Eigelb, 25 – 30 g geriebener Käse, 1/2 Bund Petersilie

Die Zwiebel schälen und würfeln, den Schinken ebenfalls in Würfel schneiden. Die Butter erhitzen und darin die Zwiebel etwa 3–4 Minuten dünsten. Nun gibt man den Schinken dazu und läßt das Ganze weitere 3 Minuten braten. Dann mit ein wenig Kraftbrühe ablöschen. Den geputzten, gewaschenen und in 1 cm lange Stükke geschnittenen Lauch 5 Minuten im entstandenen Fond garen. Nun die restliche Kraftbrühe hinzugeben, mit Salz und Pfeffer würzen und noch ca. 15 Minuten ziehen lassen. Das Mehl mit Weißwein anrühren und die Suppe damit binden. Sauren Rahm zugeben, Eigelb mit etwas Suppe verquirlen und unterrühren. Die Suppe in feuerfeste Terrinen gießen, mit geriebenem Käse bestreuen und im Grill oder Backofen überkrusten. Mit feingehackter Petersilie bestreut servieren.

Pfeffer

Milchlammleber mit Spargelspitzen und Babylauch

Milchlamm und Babylauch – schmecken diese „jungen“ Begriffe, diese zarten und eben auf die Welt gekommenen reinsten Nahrungsmittel nicht schon im voraus österlich? Appellieren Sie an Ihre kulinarische Bescheidenheit und konzentrieren Sie sich auf die köstlichste aller Leberarten! Ihnen wird ein Lorbeerkranz im Namen Lukulls auf das Haupt gedrückt – denn dieses Rezept ist Ihnen gewiß noch nie in die Küche geflattert.

500 g Spargelspitzen, 8 Stangen Babylauch, etwas Thymian, etwas Kerbel, 1 Eßlöffel Schalotten, 350 g Milchlammleber, 60 g Butter, 1/8 Liter Burgunder, 2 Eßlöffel Fleischextrakt, 20 g Butter, etwas Fleischbrühe, Salz, Pfeffer

Spargelspitzen und Lauchstangen putzen und waschen, in Salzwasser knackig kochen und mit kaltem Wasser abschrecken. Thymian und Kerbel zupfen und die Schalotten feinhacken. Die Leberscheiben in einer Pfanne mit Butter bei schwacher Hitze einige Sekunden rosa anbraten. Die Leber aus der Pfanne nehmen und warmstellen. Das Bratfett abschütten. Die Schalotten glasig angehen lassen, die Thymianblätter und den Burgunder in die Pfanne geben und auf ein Drittel reduzieren. Fleischextrakt und ein Stückchen Butter zur Bindung dazugeben. Die Spargelspitzen und den Lauch mit etwas Butter und Fleischbrühe heiß machen, mit Salz und Pfeffer aus der Mühle würzen. Den Kerbel hinzufügen. Spargelspitzen und Lauch auf einem warmen Teller anrichten, die Leber darauflegen und mit der Soße übergießen. Dazu ein Weißherbst oder ein leichter Rotwein.

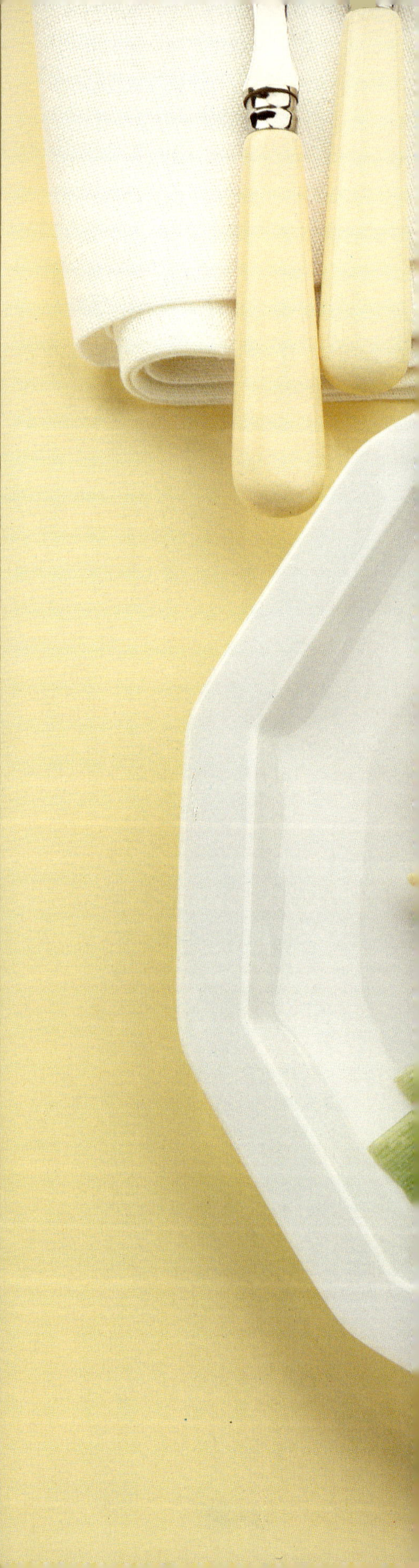

Badische Ochsenbrust

Sie ist keine alltägliche Ochsenbrust, diese badische. Auch kein Allerweltsessen, sondern sie war einst das Sonntagsessen schlechthin. Im Unterschied zum üblichen mageren Ochsenfleisch muß das unsere durchwachsen sein und die kernige Fetthülle aufweisen.

Zerkleinerte Brustknochen, 1 kg Ochsenbrust, 2 Stangen Lauch, 1/2 Sellerieknolle, 2 Karotten, 1/2 Bund Petersilie.
Soße: 3 Eßlöffel Butter, 4 Eßlöffel Mehl, 1/4 Liter Bouillon (Brühe vom Ochsenfleisch), 1/4 Liter frische Milch, Prise Zucker und Salz, ca. 3 Eßlöffel frisch geriebener Meerrettich, 3 Eßlöffel Sahne

Die Knochen blanchieren, in einen großen Topf geben und darauf die Ochsenbrust legen. Mit Wasser bedecken und aufkochen lassen. Danach abschäumen und die sauber geschälten und gewaschenen Gemüse dazugeben und langsam kochen lassen (ca. 3 Stunden). Die Gemüse nach ungefähr 30 Minuten probieren, wenn sie weich sind, herausnehmen. Wenn das Fleisch gar ist, ebenfalls herausnehmen und in etwas Brühe warmstellen. Als Beilage die gekochten Gemüse um das in Scheiben geschnittene Fleisch garnieren.

Für die Soße bereitet man eine Mehlschwitze aus Butter und Mehl, füllt sie auf mit 1/4 Liter Bouillon und 1/4 Liter frischer Milch. Unter stetem Rühren gut durchkochen lassen, bis Bindung erreicht ist. Abschmecken mit Zucker und Salz. Zum Schluß den geriebenen Meerrettich dazugeben, gut umrühren und nicht mehr kochen lassen. Mit frischer Sahne verfeinern.

Pfifferlingflan mit Geflügelleber

Flan – das war einst die mundfaule Bezeichnung für einen schlichten Obstkuchen, abgedeckt mit Eierschecke. Ein Hauch österreichisches Erbe kam mit diesem Begriff Flan in alemannische Gefilde. Im übrigen geben phantasiegeladene Köche auch dem „Wonnebibber", dem zittrigen oberdeutschen Flammeriepudding, die modische – unterdessen internationale – Abkürzung Flan und verstehen darunter auch Karamelpudding. Warum also vor einem Pfifferlingspudding zurückschrecken?

100 g Pfifferlinge, 1 Scheibe geräucherter Bauchspeck (ca. 50 g), 1 Schalotte, 60 g Butter, 1 Teelöffel Mehl, 0,3 Liter Sahne, 1 Ei, 1 Eigelb, Salz, Pfeffer, 200 g Geflügelleber, etwas Rotwein, Thymian, Petersilie

Pfifferlinge putzen und waschen, auf einem Sieb gut abtropfen lassen. Speck und Schalotte in kleine Würfel schneiden. Zusammen in einem Topf in etwas heißer Butter anschwitzen, Pfifferlinge dazugeben, mit Mehl bestäuben und mit Sahne auffüllen. Ca. 8–10 Minuten leicht kochen lassen. Etwas auskühlen lassen und mit dem Ei und Eigelb im Mixer kurz – nicht zu fein – pürieren, mit Salz und Pfeffer abschmecken und in gut ausgebutterte Förmchen füllen. Ca. 25–30 Minuten im Wasserbad pochieren. Die von Sehnen befreite Geflügelleber in einer nicht zu heißen Pfanne kurz anbraten. Herausnehmen und warmstellen. Bratenfond mit etwas Rotwein ablöschen und mit Butter binden. Die feingehackten Gewürze dazugeben, nicht mehr kochen lassen. Den Pfifferlingflan stürzen und die Geflügelleber dazu servieren. Am besten paßt zu diesem originellen Gericht ein mittelschwerer Spätburgunder.

Pflaumeneis mit Zimtsoße

„Zimt erregt Eßlust und Magenwärme", so schwärmen die Ceylonesen, die mit dem Zimt ein gutes Geschäft machen. Also: Eis mit Zimtsoße ist demnach ein Widerspruch – das eine kühlt, das andere wärmt den Magen? Jawohl, so ist's! Probieren Sie's aus. Und wenn nicht der Zimt leicht erwärmt, so tut's garantiert das Zwetschgenwasser! – Wußten Sie übrigens, daß die berühmten braunroten Zimtröhrchen die Astrinde einiger Bäume aus dem Geschlecht des Lorbeers sind? Die feinste Zimtsorte, auch Kaneel genannt, kommt aus Ceylon und ist erst seit dem 15. Jahrhundert in Europa bekannt. Der Zimt aus Indien und China war dagegen schon den Römern als gemahlenes Gewürz sehr lieb.

1 kg reife Pflaumen oder Zwetschgen, 500 g Zucker, 1 Schnapsglas Zwetschgenwasser. Soße: 1/4 Liter Sahne, 2 Teelöffel gemahlener Zimt, 2 Eigelb, 50 g Zucker

Pflaumen entsteinen, im Mixer grob zerkleinern und in einer Kasserolle mit dem Zucker zum Kochen bringen. Rühren, bis die Masse Farbe bekommt und intensiv nach Pflaumen riecht. Vom Herd nehmen und durch ein Sieb passieren. Zwetschgenschnaps dazugeben und abkühlen lassen. Dann in der Eismaschine gefrieren. Die Sahne mit dem Zimt aufkochen, Eigelb mit dem Zucker verrühren. Die kochende Sahne unter Rühren in die Eimasse gießen, kalt werden lassen. Ab und zu umrühren. Das Pflaumeneis portionsweise in Glasschalen anrichten und die Zimtsoße gesondert dazustellen. Dazu paßt sehr gut ein feiner badischer Gewürztraminer.

Badische Pflaumentorte

Bühler Frühzwetschgen reisen per Eilwaggons bis nach Hamburg und Holland als begehrtes Obst vom sonnenverwöhnten Oberrhein.

Teig: 6 Eigelb, 100 g Zucker, 10 g Vanillezucker, 6 Eiweiß, 40 g Semmelbrösel, 150 g geriebene Haselnüsse, 1 Eßlöffel Rum.
Füllung: 1 kg Pflaumen, 5 gehäufte Eßlöffel Zucker, 1 Stange Zimt, 1 Nelke, 1/4 Liter Wasser, 30 g Stärke, 1/4 Liter Sahne, 1 gehäufter Eßlöffel Zucker, 4 Blatt Gelatine.
Garnierung: 1/4 Liter Sahne, 2 Teelöffel Zucker, etwas Vanillezucker, 100 g blättrig geschnittene Mandeln

Eigelb, Zucker und Vanillezucker schaumig rühren, Eiweiß zu Schnee schlagen und auf der Eigelbmasse verteilen. Darüber Semmelbrösel, Haselnüsse, Rum, und alles vorsichtig untereinanderheben. In eine Springform mit Pergament den Teig einfüllen und 35 Minuten bei 180° C backen. Gut auskühlen lassen und einmal quer durchschneiden. Die Pflaumen entsteinen, halbieren und mit Zucker, Zimt, Nelke und Wasser garkochen. Den Saft mit angerührter Stärke binden und kaltstellen. Dann diese Masse als erste Schicht auf den Tortenboden, die Pflaumen darüberschichten und zum Garnieren ein paar Pflaumen übriglassen. Die Sahne mit Zucker steifschlagen, die Gelatine auflösen und die Sahne damit eindicken. Diese Masse auf die Pflaumen streichen und alles kaltstellen. Den zweiten Tortenboden auf die Pflaumenmasse legen, mit der mit Zucker und Vanillezucker steifgeschlagenen Sahne überziehen, garnieren und den Rand mit den Mandeln bestreuen.

Schwarzwälder Pilzgulasch

Vorab ein Rat: Bitte nicht als Abendessen genießen, sonst jederzeit! Wenn die Pilze wachsen, ist meist noch nicht Jagdzeit, unser Leib birgt noch spätsommerliche Hitze, und Pilze erzeugen gern Alpdrücken. Denken auch Sie an die Eulenspiegel-Weisheit: Das Bauchkrimmen wäre ja gar nicht unnötig gewesen! Also: en Guete zu Mittag!

500 g Rindfleisch (Wade), 3 Eßlöffel Öl, Salz, Pfeffer, 2 große Zwiebeln, 1 Knoblauchzehe, Paprika, 1 Eßlöffel Mehl, 1/2 Liter Fleischbrühe, 500 g frische Mischpilze (Butterpilze, Steinpilze, Pfifferlinge), 2 Eßlöffel Butter, 1/8 Liter Rotwein, 2 Eßlöffel Schwarzwälder Kirschwasser, 2 Eßlöffel Preiselbeeren

Rindfleisch in mittelgroße Würfel schneiden und in heißem Öl auf allen Seiten scharf anbraten. Mit Salz und Pfeffer würzen und die feingeschnittenen Zwiebelwürfel dazugeben, kleingehackte Knoblauchzehe beifügen. Mit reichlich Paprika abschmecken, mit Mehl bestäuben. Weiter erhitzen, bis die Zwiebeln goldgelb sind, und mit Fleischbrühe ablöschen. Die vorbereiteten, geschnittenen Pilze in Butter andämpfen. Dann zum Gulasch geben, mit Rotwein auffüllen und alles gardämpfen. Mit Kirschwasser verfeinert, gehören unbedingt Preiselbeeren oder Dörrobst dazu. Daneben passen sehr gut Kroketten.

Als Wein empfiehlt sich ein leichter Spätburgunder, kühl serviert.

Pochiertes Ei auf Blattspinat

Dieses Fastengericht haben wir eigentlich den Persern zu verdanken, denn aus ihrem Lande kam der Spinat um das Jahr 1400 in unsere Breiten. Er ist ein bekömmliches Wintergemüse, während man mit den angeführten Soßen sparsam umgehen sollte. Die Béchamel wurde nach ihrem Schöpfer, dem Marquis Béchamel, seines Zeichens Haushofmeister Ludwigs XIV., benannt. Wir befinden uns also beim kaiserlich-persischen Spinat in ebenso guter Gesellschaft wie bei der Sauce Béchamel (Rezept siehe bei Spargelauflauf).

1 kg junge Spinatblätter, 2 Eßlöffel feingehackte Zwiebel, etwas Butter, Salz, Knoblauch, Muskat oder Pfeffer, Essig, 4 Eier, 4 Eßlöffel Sauce Béchamel oder auch hollandaise

Die Spinatblätter sorgfältig waschen und 1 Minute in kochendem Wasser ziehen lassen. Danach sehr kalt abschrecken und ausdrücken. Die Zwiebeln in der Butter weichdämpfen und den Spinat kurz darin anschwenken. Mit Salz und – je nach Geschmack – einem Hauch Knoblauch, Muskat oder Pfeffer abschmecken. Von dem Spinat vier kleine Sockel formen und auf vorgewärmten Tellern verteilen. In kochendes Salz-Essig-Wasser nacheinander vier Eier gleiten lassen. Nach jedem Ei warten, bis das Wasser wieder kocht! Den Topf vom Herd nehmen und die Eier vier Minuten im heißen Wasser ziehen lassen, dann herausnehmen und jeweils ein Ei auf einen Spinatsockel setzen, mit einem Eßlöffel Soße bedecken und bei Oberhitze im Grill überbacken. Als Wein dazu eignet sich besonders ein leichter Ruländer oder Weißburgunder.

Schwarzwälder Preiselbeertorte

Scharlachrot sind die wertvollen, erbsengroßen festen Früchte der Preiselbeere. Auf den moorigen Hochfeldern des Schwarzwalds und in Heideflächen gedeiht das bescheidene Gewächs zu voller, gesundheitsfördernder Reife.

Biscuitteig: 9 Eier, 270 g Zucker, 180 g Mehl, 90 g Kakaopulver. Buttercreme: 680 g Butter, 250 g Zucker, 6 Eier, Preiselbeerkompott, Blockschokolade, Kirschen

Eier und Zucker über dem Wasserbad schaumig schlagen, anschließend ca. 20 Minuten kaltschlagen. Das gesiebte Mehl und Kakaopulver zusammen unter die Eimasse heben. Eine Tortenbodenform mit 24 cm Durchmesser ungefähr bis zu 1/4 Höhe mit der Masse füllen. Den Rest auf 2 Pergamentpapiere (30 × 50 cm) auf einem rechteckigen Backblech vorsichtig mit dem Schaber aufstreichen und beides bei 180° C ca. 20–30 Minuten bakken; abkühlen lassen. Inzwischen die Butter schaumig rühren, getrennt davon ebenfalls den Zucker und die Eier. Beide Massen untereinandermischen. Aus der runden Biscuitform einen Boden, ca. 1 1/2 cm dick, abschneiden. Mit Preiselbeerkompott bestreichen, dann mit Buttercreme. Den rechteckigen Biscuit in 5 cm breite Streifen schneiden, ebenfalls mit Preiselbeerkompott bestreichen und Buttercreme daraufgeben. Auf dem runden Biscuitboden alle Streifen aneinanderhängend zu einer großen Schnecke (bis zur Größe des runden Grundbodens) zusammenrollen. Den restlichen runden Biscuitboden als Deckel daraufgeben. Die Torte mit Buttercreme gut einstreichen und mit geschabter Blockschokolade verzieren. Aus der Buttercreme Rosetten spritzen und mit Kirschen garnieren.

Feldberger Rehgulasch

Das Beste und Gehaltvollste, womit der würzige Schwarzwaldboden uns noch immer beschenkt – sogar mit Lorbeer –, wird von altersher dem edelsten Wild seiner Wälder und Höhen beigegeben. Erst so erreichen unsere heimischen Wildgerichte jene klassische Geschmacksabrundung, die noch vertieft wird durch die Beigabe der trockenen Weine, die in seinen stark durchsonnten Süd- und Westflanken reifen. Die Saison für Frischwild beginnt etwa Ende September, wenn die Wälder sich golden verfärben, und dann ist die rechte Zeit für dieses Feldberger Rehgulasch gekommen.

1 – 2 Zwiebeln, 1 Sellerieknolle, 1 Karotte, 2 Lorbeerblätter, 1 kleiner, frischer Tannenzweig, 6 Wacholderbeeren, Pfeffer, 1/4 Liter trockener Rotwein, 100 g Schwarzwälder Bauernspeck, 800 – 1000 g Rehgulasch, Salz, 1 – 2 Eßlöffel Preiselbeeren, 150 g saure Sahne, 1 Teelöffel Speisestärke

Die Hälfte der Zwiebeln, die Sellerie und die Karotte kleinschneiden, zusammen mit den Lorbeerblättern, dem Tannenzweig, den zerdrückten Wacholderbeeren und dem Pfeffer in Wein einlegen und einen Tag marinieren. Den Speck würfeln und in einer Pfanne auslassen. In dem Fett das abgetropfte Wildfleisch anbraten, mit Salz und Pfeffer würzen, Preiselbeeren beigeben und mit der Marinade auffüllen. Das Fleisch im geschlossenen Topf 1 1/2 Stunden garen. Zum Schluß die saure Sahne mit Speisestärke verrühren und hineingeben. Als Beilage Pfifferlingspätzle: Hierzu Speckwürfel angehen lassen, 100 g Pfifferlinge dazugeben und darin Spätzle erhitzen. Dazu paßt ein kräftiger Spätburgunder.

Rehmedaillons Schwarzwälder Art

Rehmedaillons, also münzförmig ausgestochene oder ausgeschnittene Fleischstückchen, gehören zum Küchenadel aller Meisterköche. Daß man sie hier mit handgeschabten Spätzle auftischt, ist altbadische Tradition mit freundlicher Verbeugung vor den nachbarlichen Schwaben. Ein Schuß Schwarzwälder Kirschwasser, gemildert von Rotwein, dazu der süßherbe Geschmack heimischer Preiselbeeren, das zaubert die ganze Geschmacksvielfalt der Wald- und Weinlandschaft auf die Zunge.

600 – 800 g Rehmedaillons oder Keulenfleisch am Stück, Salz, Pfeffer, etwas Butter, 300 g gefrorene oder frische Sauerkirschen, 1/8 Liter Rotwein, 1 Teelöffel Mondamin, 1 Eßlöffel Preiselbeeren, 1/8 Liter geschlagene Sahne, 2 Eßlöffel Kirschwasser

Das Rehfleisch in Scheiben schneiden, mit Salz und Pfeffer würzen. Dann in heißer Butter auf jeder Seite 2 Minuten braten und warmstellen. Für die Soße werden die Kirschen entsteint und mit dem Rotwein zum Kochen gebracht. Mit Mondamin abbinden und zusammen mit den Preiselbeeren auf höchster Stufe im Mixer pürieren. Das Püree durch ein feines Sieb passieren, die geschlagene Sahne unterziehen und mit dem Kirschwasser abschmecken. Das gebratene Fleisch anrichten und mit der Soße übergießen. Mit Spätzle, die mit Semmelmehl geschmelzt worden sind, servieren. Als Wein empfiehlt sich ein trockener Spätburgunder oder Weißherbst.

Rehrücken Baden-Baden

Noch heute zehrt Baden-Baden vom vergoldeten Ruhm vergangener Epochen. Ironische Freunde dieses Ortes sagen: „Er ist zum Sterben schön." Bei aller Vergänglichkeit – der weltberühmte Rehrücken wird überleben!

Ca. 1 kg Rehrücken (gehäutet), Salz, Pfeffer, etwas Butter, 300 g Rehknochen, 2 Scheiben geräucherter Bauchspeck, etwas Öl, je 1 kleine Zwiebel, Karotte, Sellerieknolle, 1 Lauchstange, 1 Tomate, 0,4 Liter Rotwein, 0,2 Liter Brühe, 1 gehäufter Eßlöffel Mehl, Thymian, Rosmarin, Wacholderbeeren, Fondor, 1/8 Liter Sauerrahm, 2 Schnapsgläser Gin, Williamsbirnen, Johannisbeergelee, Orangenscheiben, Kaiserkirschen, Champignons, Pfifferlinge oder andere Pilze

Rehrücken salzen und pfeffern, kurz in der Pfanne in heißer Butter von allen Seiten anbraten. In eine Kasserolle geben und im auf 220° C vorgeheizten Backofen ca. 15 Minuten braten, des öfteren übergießen. Anschließend den Rücken herausnehmen, in Alufolie einschlagen und 5 Minuten ruhen lassen. Für die Soße die kleingehackten Rehknochen mit dem gewürfelten Speck kurz in Öl anbraten, gehackte Zwiebel und das Gemüse dazugeben, etwas Farbe nehmen lassen und die zerdrückte Tomate hinzufügen, 2–3mal mit Rotwein ablöschen, das Mehl dazugeben und mit dem restlichen Rotwein und der Brühe auffüllen. Ca. 20 Minuten leicht kochen lassen und die Gewürze dazugeben. Nochmals 10 Minuten kochen. Die Soße durchpassieren, mit Sauerrahm und Gin verfeinern. Auf einer warmen Platte anrichten.

Rinderschmorbraten badisch

Der berühmte irische Dramatiker Bernhard Shaw war folgender Meinung: Ein Geist meines Formats kann sich nicht von Rindviechern nähren! Er konnte freilich so standhafte Sprüche von sich geben, da er überzeugter Vegetarier war. In Baden-Baden nährte er sich während seiner Kuren laufend von badischer Saustude, Verzeihung: Löwenzahnsalat. Dazu trank er Thermalwasser und wurde 94 Jahre alt! Da aber höchst ungewiß ist, ob wir alle ohne Rinderschmorbraten und nur mit Löwenzahn und Mineralwasser 94 Jahre alt würden, sollten Sie sich nicht von diesem Gericht ablenken lassen.

1 1/2 kg Rinderhüfte (Tafelspitz), Salz, Pfeffer, Bratfett, 2 Karotten, 2 Zwiebeln, 1 kleine Sellerieknolle, 3 Petersilienwurzeln, 2 Eßlöffel Tomatenmark, 2 Eßlöffel Mehl, 1 Glas Rotwein, Lorbeerblattspitze, 1 Teelöffel Paprikapulver, 5 Wacholderbeeren, 1 zerdrückte Knoblauchzehe, etwas Kümmel

Die Rinderhüfte mit Salz und Pfeffer würzen und in einer Kasserolle im heißen Bratfett kurz von allen Seiten anbraten. Das würflig geschnittene Gemüse hinzufügen und mitschmoren lassen. Wenn das Gemüse Farbe angenommen hat, das Tomatenmark dazugeben und alles zusammen unter stetem Rühren weiter erhitzen. Das Fleisch aus dem Topf nehmen und das Fett abschütten. Mehl über das Gemüse stäuben und gut durchrühren. Ablöschen mit Rotwein und mit kaltem Wasser auffüllen. Das Fleisch wieder hineingeben, die Gewürze beifügen. Zugedeckt im Backofen bei mäßiger Hitze garschmoren. Den Braten herausnehmen und die Soße, wenn nötig, mit Stärkepuder binden. Durch ein feines Sieb über den Braten passieren.

Schäufele im Brotteig

„Schäufele" – das ist und klingt urbadisch-alemannisch. Wer's nicht weiß, dem sei's verraten: Es ist das beste Schulterstück vom Schwein. Geräuchert gehört's zum „Veschper".

Etwa 2 Liter Wasser, 1/2 Zwiebel, 1 Knoblauchzehe, 2 Lorbeerblätter, 1 Teelöffel Pfefferkörner, 1 Eßlöffel Salz, 1 – 1 1/2 kg Schäufele, 2 Eßlöffel Senf, frische Kräuter: Petersilie, Thymian, Majoran, Schnittlauch (zur Not auch getrocknet), 1 Schweinenetz, 1/2 kg Roggenbrotteig vom Bäcker, etwas Mehl.
Für den Salat: 1 kg Salatkartoffeln, 3 – 4 Eßlöffel Weinessig, 1/4 Liter warme Fleischbrühe, 1 1/2 Teelöffel Salz, 1/2 Teelöffel Pfeffer, 1 kleine gehackte Zwiebel, 3 – 4 Eßlöffel Öl, 4 Scheiben Speck

Das Wasser mit der Zwiebel, Knoblauchzehe, Lorbeerblättern, Pfefferkörnern und dem Salz zum Kochen bringen und das Schäufele hineingeben. Es soll eben bedeckt sein. Ca. 10–15 Minuten kochen, herausnehmen, erkalten lassen. Mit dem Senf und den Kräutern einreiben, ins Schweinenetz einschlagen und in den ausgerollten Brotteig wickeln. Mit der Naht nach unten auf einem bemehlten Blech ins Ofenrohr schieben und bei einer Hitze von ca. 230–250° C 3/4 Stunden ausbacken. Aufschneiden und warm oder kalt servieren.
Salat: Die Kartoffeln in der Schale kochen, abgießen, abschrecken, schälen und in feine Scheiben schneiden, mit dem Essig, der Brühe, Salz, Pfeffer und Zwiebel mischen. Das Öl in einer Pfanne erhitzen, den in feine Streifen geschnittenen Speck darin knusprig braten, alles über den Kartoffelsalat gießen, umrühren und 2 Stunden ziehen lassen.

Schinken gebacken in Brotteig

Um Sie nicht hinters Licht zu führen: Schwarzwälder Schinken gehört der Vergangenheit an! Jedenfalls im großen, im allgemeinen. Ausnahmen bestätigen die Regel. Dieser kernige alte Schinken war ja ursprünglich nur für den Hausgebrauch den nicht mageren, sondern wohlgerundeten armen Schweinen abgerungen worden. Im eigenen Saft gepökelt, kalt geräuchert mit reichlich Frischluft – und je höher die Berglage, je intensiver die trockene Luft, um so nachhaltiger die Schmackhaftigkeit des Schinkens und um so länger seine Haltbarkeit. Niemals wird man zum Beispiel in der Oberrheinebene mit ihrer Luftfeuchtigkeit einen Schinken von vollendeter Qualität reifen lassen können. Solespritzen – Sie werden's beim Probieren auf der Zunge spüren – erhalten zwar die trügerische rote Fleischfarbe, aber sie fördern nicht die köstliche Reife. Beim Einkauf lassen Sie sich ungeniert eine Kostprobe reichen. Schmeckt sie zu salzig, so haben Sie es nie und nimmer mit dem festen, milden, echten Schwarzwälder Schinken zu tun.

Ca. 1,5 kg Bauernschinken, mild gesalzen und geräuchert, fertiger Bauernbrotteig

Den Bauernschinken in heißem Wasser auf dem Herd leicht ziehen lassen. Der Schinken sollte dabei halb gegart werden. Danach herausnehmen, abtropfen und abkühlen lassen. Anschließend den Schinken in den Bauernbrotteig einschlagen und im Ofen backen (je kg ca. 45 Minuten). Heiß auftragen und am Tisch den Deckel abschneiden und den Schinken in Scheiben tranchieren. Als Beilage eignet sich frischer Kartoffelsalat, Rettich und Gurkensalat. Dazu trinkt man einen kräftigen Spätburgunder Weißherbst, kühl serviert.

Badische Schlachtplatte

Dieses Rezept entstammt einem alten badischen Kalender. Wenn es Sie interessiert, wie damals – nämlich 1878 – die deutschen Finanzminister während eines Festessens im Schloßhotel zu Heidelberg verköstigt wurden (auf Kosten der Bürger natürlich), bitte sehr: „Schildkrötensuppe, Kraftbrühe von Hühnern, Forellen mit zerlassener Butter, dazu Erdäpfel. Steinbutt mit Hollandaise. Rehrücken mit französischen Erdschwämmen. Kalbsmilchner mit Trüffeln. Feldhühner mit neuem Sauerkraut. Artischocken mit geräuchertem Rheinlachs. Bresse-Geflügel, Salat. Plumpudding mit Vanilletunke. Maraschino-Sulz mit Früchten. Verschiedenes Gefrorenes. Früchte. Käse. Mocca.“ Warum sind Finanzminister wohl so aufs Geld erpicht?

1 Zwiebel, 50 g Schweine- oder Gänseschmalz, je 1 Schuß Fleischbrühe und Silvaner oder Riesling, 750 g Sauerkraut, 4 Scheiben Schwarzwälder Bauernspeck, 4 Blut- und Leberwürste, 4 Scheiben geräuchertes Bauchfleisch, 1 Eßlöffel Wacholderbeeren, je eine gute Prise Kümmel, Thymian, Majoran sowie 1/2 Lorbeerblatt im Mullbeutelchen, 1 Eßlöffel Mehl

Die Zwiebel kleinschneiden und im Schmalz hell anbraten, mit Fleischbrühe und dem Weißwein ablöschen und das Sauerkraut sowie den Speck, das Fleisch und die Würste 30 bis 40 Minuten darin garen. Die Wacholderbeeren sowie das Mullbeutelchen mit den Gewürzen hinzutun. Zum Schluß das Sauerkraut mit einem Eßlöffel Mehl, in wenig kaltem Wasser verrührt, binden. Auf rustikalen Tellern anrichten.

Schnecken im Roggenweckle

Im Badischen heißt's „der Schneck". Im Badischen wurde auch anno 1775 ein Schneck mit hohem Seltenheitswert gefunden: Er trug ein linksgedrehtes Gehäuse! Der alte Römer Fulvius Lippinus unterhielt eine Schneckenzucht, ja, er mästete sie sogar mit heilenden Kräutern, worüber die und der Schneck sehr glücklich waren und sich ums Doppelte vermehrten. Schnecken gehören möglichst frisch in die Küche. Der Kundige hält sich nur an die eingedekkelte Schnecke, sie hat nämlich für den Winter ihre Selbstreinigung persönlich vollzogen, was die Zubereitung vereinfacht.

160 g Butter, 1 – 2 Bund Petersilie, 1 Bund Dill, 1 Bund Schnittlauch, 2 Knoblauchzehen, 4 Schalotten, Zitronensaft, Salz, Pfeffer, 4 Roggenbrötchen, 4 Dutzend Schnecken (aus der Dose, wenn nicht frisch zu bekommen)

Die Butter schaumig rühren und die feingehackten Kräuter, Knoblauch und Schalotten dazugeben. Mit Zitrone, Salz und Pfeffer würzen. Die Kräuterbutter auf eine Alufolie leeren, eine Rolle daraus formen und im Kühlschrank eine Stunde fest werden lassen (hält sich zwei Wochen im Kühlschrank). Die Roggenweckle aufschneiden, die Hälften mit je 6 Schnecken belegen, die kalte Butter in dünne Scheiben schneiden und die Schnecken damit bedecken. Auf einem gefetteten Blech bei 180–200° C 12 Minuten überbacken, herausnehmen und mit frischem Salat servieren. Dazu trinkt man einen leichten, trockenen Ruländer oder aber einen Spätburgunder Rotwein.

Schnecken in der Kasserolle

(für 1–2 Personen)

Wer uns damit anlocken will, er habe „echte Burgunderschnecken" auf der Karte oder im Laden, der muß ein Zauberer sein. Soviel Schnecken, wie allenthalben genossen werden, gibt es gar nicht in Burgund! Der größere Rest muß im Badischen aufgebracht werden, wenigstens für unsere nächsten Nachbarn. Von allen verzehrbaren Schnecken sind unsere Weinbergbewohner im Badischen ohnehin die edelsten. Und ihr gewendeltes Haus erfreut schon in der Natur des Genießers Auge.

1/4 Zwiebel, 40 g Gemüsestifte: Karotten, Lauch, Sellerie, Butter zum Anschwitzen, Salz, Pfeffer, Knoblauch, gehackter Kerbel, 1 Likörglas Weißwein, 1 Likörglas trockener Sherry, 1 Teelöffel Mehl, 1 Teelöffel Butter, etwas Sahne

Sehr fein gehackte Zwiebel und die fein geschnittenen Gemüse in einer Kasserolle in etwas Butter anschwitzen. Die Schnecken dazugeben und mit dem Fond aus der Dose nochmals dünsten. Leicht mit den Gewürzen abschmecken. Den Weißwein und Sherry dazugießen und weiterköcheln lassen. Zum Schluß mit Mehlbutter binden und mit Sahne verfeinern. Dazu Reis oder Toast servieren.

Badische Schneckensuppe

Schon vor ein paar tausend Jahren gab der asiatische Kult den Buddhafiguren eine seltene Schnecke in die Rechte. Vielleicht beruhte das auf dem Glauben, daß das Tierchen sich durch seine Eindeckelung im Gehäuse das Nirwana sucht? Jedenfalls gelten Schneckengerichte ja noch heute als Fastenspeise, und man schreibt ihnen gesundheitsfördernde Kräfte zu. Als Lekkermaul unter den Garten- und Weinbergbewohnern tut sie sich am liebsten am Herz der Salate gütlich und liebt über alles die besten Erdbeeren. Im fasnetsbesessenen Schwarzwälder Städtchen Elzach wird der Kopfschmuck der „Schuddigs“ mit Hunderten von Schnekkengehäusen bestickt, in Zell am Harmersbach ist sogar das ganze Kleid des Schneckehüsli-Narro mit den gewendelten Häuschen versehen.

1 Teelöffel Schalotten, 1 Teelöffel Karotten, 1 Teelöffel Lauch, 2 Teelöffel Steinpilze, etwas Knoblauch, 24 Schnecken, in Hälften geteilt, etwas Butter, ca. 1 Teelöffel Kartoffelstärke, 0,4 Liter Schneckensud, 0,2 Liter Geflügelbrühe, 0,4 Liter Sahne, Salz, Pfeffer, Muskat, 1 Teelöffel Gartenkräuter, 2 Eigelb

Schalotten und Gemüse sowie Steinpilze und Knoblauch waschen, putzen und feinhacken. Dann zusammen mit den Schnecken in Butter andünsten und mit der Kartoffelstärke bestäuben. Mit Schneckensud und Geflügelbrühe auffüllen. Einige Minuten köcheln lassen. Die Sahne beifügen und nochmals einige Minuten köcheln. Mit Salz, Pfeffer und Muskat würzen. Die gehackten Kräuter hinzufügen und mit 2 Eigelb binden.

Weißer Schwartenmagen

Das badische Frankenland liebt – wie Franken überhaupt – zuweilen deftige Genüsse wie im Schlaraffenland. Dazu gehört auch dieser herzhafte Schwartenmagen. Schwarzwälder, Bauländer und Odenwälder reichen sich gewissermaßen kulinarisch die Hände, denn je karger die Landschaft, um so härter der Alltag und um so kräftiger die Küche. Wenn da ein Snob aus der Reihe der dünnen, hochstilisierten Nouvelle Cuisine behauptete, Schwartenmagen sei Küchenkitsch, so kann man nur mit dem Geschmacksphilosophen Brillat-Savarin erwidern: Der Schöpfer nötigt uns zu essen, um leben zu können. Außerdem und vor allem aber – er schmeckt einfach gut, der weiße Schwartenmagen!

1 ganzer Schweinsfuß, 250 g Rindfleisch (mager, sehnenfrei), Pökelsalz, Kümmel, Essig, Kerbel, Salz, Pfeffer, Sauce vinaigrette (Essig-Öl-Soße)

Den Schweinsfuß mit ganzem Eisbein kochen. Inzwischen das Rindfleisch grob durchdrehen, mit Pökelsalz bestreuen und etwa 2 Stunden ziehen lassen. Wenn der Schweinsfuß weich ist, Fleisch vom Knochen lösen und in Würfel schneiden. Den Fond gut einkochen lassen. Dann das gesamte Fleisch mit dem Fond vermischen und abschmecken mit Kümmel, Essig, Kerbel, Salz und Pfeffer. Die Masse in einen kochfesten Kunstdarm füllen (oder in eine Dose) und 2 Stunden kochen lassen. Nach dem Abkühlen in Scheiben schneiden und mit einer Essig-Öl-Soße servieren. Dazu Bratkartoffeln und Salate der Saison sowie ein kühles Bier oder – wer noch so etwas im Keller hat – Most reichen.

Schwarzwälder Kirschtorte

Erfunden haben soll die Kirschtorte ein persischer Eunuch, Chefkoch in einem Harem, um den Haremsdamen durch den Dauergenuß der Torte auf Wunsch des Kalifen oder Scheichs vollere Formen zu verleihen. Ob das stimmt oder nicht – Schwarzwälder Kirschtorte jedenfalls ist nur dann Kirschtorte, wenn sie auch danach schmeckt. Kirschessenz beispielsweise zu verwenden, wäre eine Sünde! Hier das echte Rezept.

1 fertiger Mürbeteigboden,
100 g Sauerkirschkonfitüre,
2 fertige dünne Schokoladeböden,
100 g Kirschsaft, 75 g Zucker,
10 – 15 g Weizenpuder,
250 g Sauerkirschen aus dem Glas,
1 Prise Zimt, Nelken, 4 Blatt
Gelatine, 60 g Kirschwasser,
40 g Zucker, 600 g Sahne,
Schokoladenspäne zum Garnieren

Den fertiggebackenen Mürbeteigboden mit der Sauerkirschkonfitüre bestreichen und einen Schokoladeboden darauflegen. Sauerkirschsaft aus dem Glas mit Zucker aufkochen, den Weizenpuder mit etwas weiterem kaltem Sauerkirschsaft anrühren und unter den kochenden Saft ziehen, dann die Sauerkirschen selbst und Gewürze dazugeben und erkalten lassen. Die Sauerkirschen auf den Kuchen geben. Die in kaltem Wasser eingeweichte Gelatine ausdrücken, auflösen und unter die mit Kirschwasser und 40 g Zucker vermischte geschlagene Sahne unterziehen. Die Hälfte dieser Kirschwasser-Sahne auf dem Kuchen verteilen, darauf wieder einen Schokoladeboden setzen und den Rest der Sahne darüberstreichen. Hat die Sahne angezogen, die Torte dünn mit Schokoladenspänen bestreuen.

Badische Schweine-nieren gefüllt

Leber, Lunge,
Herz und Zunge,
Bries und Hirn,
Milz und Nier'n,
Fleck und Magen
Hat jeder noch gut vertragen.
Altbadischer Metzgerspruch

2 große Schweinenieren, 1 Zwiebel, 1 Scheibe Speck, 1 Knoblauchzehe, 1 Eßlöffel gehackte Petersilie, etwas Butter, Salz, Pfeffer, 200 g frische Pilze, 1/2 Tasse Spätburgunder, ca. 1/2 Tasse Rahm

Die Nieren säubern, Fett und Sehnen entfernen. Zwiebel, Speck und Knoblauch kleinhakken mit der Petersilie in etwas Butter anschwitzen und mit Salz und Pfeffer würzen. Einen Teil der Pilze hacken und zusammen mit den restlichen ganzen Pilzen ebenfalls in die Pfanne geben. Mit dieser Masse werden die aufgeschnittenen Nieren gefüllt und in der Pfanne zugedeckt angebraten. Mit dem Rotwein ablöschen, etwas Rahm dazugeben und gardämpfen. Dazu passen Reis oder Röstkartoffeln und als Wein derselbe Spätburgunder, mit dem Sie abgelöscht haben – oder, wenn es sehr heiß ist, auch ein Weißherbst.

Badische Schweineroulade

Motto: Die hält den Leib zusammen!

4 Schweineschnitzel à ca. 140 g, Salz, Pfeffer, 1 Knoblauchzehe, Senf, 4 Scheiben geräucherter Speck, 1 Ei, 200 g Schweinehackfleisch, 2 – 3 Karotten, etwas Schweineschmalz, etwas Mehl zum Bestäuben, 2 Zwiebeln, 1/4 Liter trockener Weißwein, 1/2 Teelöffel Pfefferkörner, 2 Lorbeerblätter, 1 Stange Lauch, 1/2 kleine Sellerieknolle, 2 Eßlöffel Mehl, 1/8 Liter Sauerrahm, etwas Butter

Die Schnitzel klopfen, würzen, mit der halben zerdrückten Knoblauchzehe und Senf bestreichen und mit den Speckscheiben belegen. Das mit Ei, Salz und Pfeffer vermischte Hackfleisch auf die Schnitzel verteilen, eine Karotte in vier Streifen schneiden und ins Hackfleisch drükken. Die Schnitzel fest rollen und feststecken. In heißem Schweineschmalz die in Mehl gewälzten Rouladen kurz und scharf anbraten. Herausnehmen und in einen Topf geben. Die gehackten Zwiebeln goldbraun anrösten, mit dem Weißwein ablöschen und alles über die Rouladen gießen. Den Rest Knoblauch, die Pfefferkörner, Lorbeerblätter und eine Prise Salz beigeben. Lauch und Sellerieknolle putzen und, in grobe Streifen geschnitten, in leichtem Salzwasser knackig kochen. Herausnehmen und abtropfen lassen. Den Gemüsefond zu den Rouladen gießen und ca. 1 Stunde weichschmoren. Mehl mit dem Sauerrahm glattrühren, die Rouladen aus der Soße nehmen und diese mit dem Sauerrahm binden, leicht kochen und über die Rouladen passieren. Die Gemüsestreifen in Butter anschwenken und über die Rouladen geben.

Baden
Ruländer
mit Prädikat
Offenburg

Spargelauflauf

Ein Bischof wurde von einem Prälaten, der wegen seiner Spargelzucht bekannt war, eingeladen, sich persönlich einen Spargel zu stechen. Siehe da, einer streckte bereits sein Köpfchen aus der Erde, und der Bischof nahm das Messer, stach, der Spargel hob sich und hob sich – und entpuppte sich als ein riesiges Monstrum. Gastgeber und Bischof lachten herzlich, denn beim Drechsler hatte der Prälat eigens dieses anzügliche Exemplar bilden und bemalen lassen.

1 kg Spargel.
Béchamelsauce: 2 Zwiebeln,
3 Eßlöffel Speckwürfelchen,
3 Eßlöffel Butter, 2 Eßlöffel Mehl,
1/4 Liter Spargelwasser, 1/4 Liter
Milch, Salz, Pfeffer, 1 Eßlöffel
Zitronensaft, 1 Eßlöffel Rahm.
4 Eigelb, 4 Eiweiß, 4 Eßlöffel
gehackter Schwarzwälder Schinken

Spargel schälen und garkochen. In vier Auflaufförmchen ca. 2 cm lange Spargelabschnitte als Bodenbedeckung einlegen. 20 Spargelspitzen 2 cm länger, als die Auflaufförmchen hoch sind, abschneiden und zur Seite legen. Nun für die Soße die würflig geschnittenen Zwiebeln und den Speck in Butter dünsten, Mehl hinzugeben, hellgelb rösten, mit dem Spargelwasser ablöschen, Milch zugießen, aufkochen lassen und abschmecken mit Salz, Pfeffer, Zitrone und Rahm. Den restlichen Spargel pürieren und mit den Eigelb und dem zu Schnee geschlagenen Eiweiß unterziehen. In jedes Förmchen 5 der Spargelspitzen aufrecht an den Rand stellen, so daß die Spitzen ca. 2 cm überstehen. Dann die Auflaufmasse bündig einfüllen. Im Ofen aufziehen und etwas gehackten Schwarzwälder Schinken vor dem Servieren darüberstreuen.

Spargelvorspeise

Überall dort, wo am badischen – und elsässischen – Oberrhein Tabak angebaut wird, züchtet man auch Spargel. Beide Pflanzen lieben nämlich ähnliche Bodenbedingungen, das heißt, die Erde muß sandig locker, das Klima mild und warm, die Luftfeuchtigkeit von mittleren Graden sein. Dort, wo der Tabakanbau aus Rentabilitätsgründen zurückging, hat man sich auf Spargel umgestellt. So beispielsweise auch in Mittelbaden, im Hanauerland, etwa zwischen Kehl und Achern. Die Anpflanzungen bringen erst im dritten Jahr Ertrag, erweisen sich dann aber bei liebevoller Pflege für rund zehn Jahre als äußerst dankbar.

1 kg Stangenspargel.
Marinade: Essig, Öl, Salz, Pfeffer, Petersilie, Schnittlauch, 1 kleine Schalotte oder Zwiebel.
16 Scheiben Schwarzwälder Schinken

Den Spargel von den Köpfen zu den Enden hin schälen und die holzigen Spargelenden entfernen. Dann den Spargel in leicht kochendem Salzwasser ca. 15–20 Minuten garen lassen. Aus den obigen Zutaten eine Marinade herstellen, den noch warmen Spargel hineinlegen und 1/2 Stunde ziehen lassen. Die Spargelstangen herausnehmen, halbieren und mit dem Schinken servieren. Dazu paßt ein gut gekühlter Weißburgunder oder Silvaner.

Frische Stangenspargel

Es ist bekannt, daß zur Zeit der Maiglöckchenblüte auch die Restaurants ein blühendes Geschäft mit Spargelspezialitäten machen. Ja – mit fünf Dutzend verschiedenen Zubereitungsarten, aber schon nach einem halben Dutzend hört der angepriesene Spargel leider auf, nach Spargel zu schmecken. Auch streitet man sich, ob er mit den Fingern kopfüber in den Mund geschoben werden oder mit Messer und Gabel behandelt werden darf. Kaiserin Maria Theresia hatte es den Damen bei Tische untersagt, die Spargel mit zarten Fingern zwischen die Lippen zu schieben. Ludwig XV. von Frankreich hingegen bestand auf dem Gegenteil. Wir aber dürfen's machen, wie's beliebt!

2 kg Stangenspargel, 1 – 2 Teelöffel Salz, 2 Würfelzucker

Spargel unter fließendem Wasser abwaschen und abtropfen lassen. Die Spargelstangen mit dem Küchenmesser oder Spargelschäler von den Köpfen zu den Enden schälen. Die Spargelenden so weit abschneiden, daß die bereits verholzten Stücke entfernt werden. Spargel in einen Topf mit reichlich kochendem Wasser geben, würzen mit Salz und Zucker und in ca. 15–20 Minuten garkochen. Spargel mit zerlassener Butter, Sauce hollandaise oder vinaigrette servieren. Dazu einen gekochten Schwarzwälder Schinken und neue Kartoffeln oder Pfannkuchen. Gut schmeckt dazu auch frischer Räucherlachs mit Rühreiern, in die man frische, gehackte Kräuter einstreut.

Spinatpudding Reichenauer Art

Die schöne, aber waldlose Bodenseeinsel Reichenau ist das älteste deutsche Gemüseland. Wer es durchwandert, um die berühmten drei romanischen Kirchen von Oberzell, Mittelzell und Unterzell kunsteifrig zu besichtigen, findet kaum noch ein Plätzchen freien Ackers, denn die Bevölkerung lebt vom Gemüse- und Gartenbau, zum kleineren Teil auch noch von der Fischerei.

350 g frischer Spinat (wenn Sie bekommen, aus biologisch-dynamischen Anbaugebieten, er hält die Farbe besser), 4 Brötchen, 1/2 Liter Milch, 250 g Butter, Salz, Muskat, 6 Eier, 100 g Semmelbrösel. Soße: Butter, Crème fraîche, 1 Eigelb, etwas Zitronensaft

Den Spinat verlesen, von den Stielen befreien, waschen, kochen und in Eiswasser abschrekken. Sehr klein hacken und durch ein Sieb (oder Mixer) streichen.

Die Brötchen abrinden, feinschneiden, mit siedender Milch überbrühen und einige Zeit stehenlassen. Dann 125 g Butter schaumig rühren und den Spinat, die Brötchen, Salz, Muskat und 6 Eigelb darunterziehen. Das Eiweiß zu Schnee schlagen, mit dem Holzlöffel unter die Masse heben. Dann eine Serviette kurz in kochendes Wasser tauchen, mit Butter bestreichen und die Masse hineinfüllen. Beim Zubinden genügend Platz für das Aufgehen des Puddings lassen, also nicht zu knapp binden.

Nach einer Stunde im kochenden Salzwasser bindet man den Pudding auf, schmälzt ihn mit gerösteten Semmelbröseln und macht eine leichte Buttersoße, mit der man den fertigen Pudding anrichtet.

Stockfisch

„Was ich von der Jabel kau, ist gewiß ein Kabeljau." Kennen Sie diesen Schüttelreim? Vielleicht haben Sie ihn einmal von Berliner Touristen am Aschermittwoch oder Karfreitag im Schwarzwald am nachbarlichen Gasthaustisch ausrufen hören. Wenn ja, dann durften Sie annehmen, daß man dort Stockfisch aß. Denn so selten er heute noch angeboten wird, ebenso vielseitig ist seine Zubereitung je nach Landschaft. Stockfisch ist nichts anderes als der von Kopf und Eingeweiden befreite, dann geteilte Kabeljau. Man trocknet ihn an Stangen in der Luft. Stockfisch sollte in guten Fischgeschäften vorbestellt werden.

2 kg Stockfisch, 1/4 Liter Wasser, 1/4 Liter Milch, 1 Zwiebel, 2 Nelken, 1 Lorbeerblatt, 2 Karotten, 1/2 kleine Sellerieknolle, 1 kleine Lauchstange, Salz, etwas Essig.
Senfsoße: 1/4 Liter Fischsud, 3 Eßlöffel Butter, 4 Eßlöffel Mehl, Pfeffer, Dijonsenf nach Geschmack, etwas Sahne zum Verfeinern

Den frisch gewässerten Stockfisch in einer Kasserolle in einem Sud aus Wasser und Milch, mit Nelken gespickter Zwiebel, Lorbeerblatt, Würfeln von Karotten, Sellerie und Lauch, gewürzt mit Salz und Essig, langsam pochieren. Wenn der Fisch zu blättern beginnt, ist er gar. Aus Butter und Mehl eine Mehlschwitze herstellen und mit dem Fischsud auffüllen. Mit Salz, Pfeffer und Senf pikant abschmecken und mit Sahne verfeinern. Den Fisch anrichten und mit der heißen Soße übergießen. Als Beilage passen Salzkartoffeln. Zum Würzen bei Tisch die Pfeffermühle verwenden. Als Wein eignet sich ein trockener Riesling, Silvaner oder Weißburgunder.

Schwarzwälder Tannenhonigparfait

Was man in der Küche doch nicht alles aus „naheliegenden" Naturgaben machen kann! Bitte – seien Sie mutig und bieten Sie Ihrer Familie und Gästen etwas Unverwechselbares. Lassen Sie die emsigen Schwarzwaldbienen durch ihr vitaminreiches Produkt ebenso zu Ehren kommen wie das Schwarzwaldkirschwasser. Wenn Sie die Möglichkeit haben, es bei einem der vielen Privatbrenner in Bauernhöfen zu bekommen, so decken Sie sich mit diesem urwüchsigen Schnaps ein. Tannenhonig wird vom Sommer an und bis in den Herbst hinein hier und dort auch von Imkern, die zudem Schnapsbrenner und aufrichtige „Schinkenbauern" sein können, an Rastplätzen oder in abseitigen Höfen angeboten – solange der Vorrat reicht!

4 Eigelb, 1/8 Liter Tannenhonig, 1/4 Liter Sahne, 2 Schnapsgläser Kirschwasser

Die 4 Eigelb werden mit dem Honig im Wasserbad schaumig geschlagen, bis sich große Blasen bilden und das Ganze sämig wird. Danach kaltrühren. Die Sahne schlagen und vorsichtig darunterziehen. Zum Schluß mit Kirschwasser abschmecken und in Formen füllen. In der Tiefkühltruhe mindestens 1 1/2 Stunde kühlen, dann servieren.

Täuble aus dem Ofen

„Vogel des Friedens" war die Taube schon bei den alten Griechen – die Brieftaube freilich nur, denn ihrer Intelligenz war es zu danken, daß sie Friedensnachrichten wie ein fliegender Briefbote auf schnellstem Wege von Ort zu Ort trug. Darum wurde sie auch nicht dem Gourmet geopfert. Zu den genießbaren gehören die Haus-, Holz-, Ringel- und Turteltauben. Die jungen Maitäubchen zählen zu den delikatesten gastronomischen Poesien – auch als Pastete oder Ragout im Näpfchen angebraten, gedämpft, grilliert, gebacken. Dem Küchengeist sind keine Grenzen der Phantasie gesetzt!

4 junge Täubchen, Salz, Pfeffer, 4 Zweige Rosmarin, 1 kleiner Bund Petersilie, 1 Eßlöffel Öl, 4 Karotten, 1 Zwiebel, 150 g frische Pilze, 100 g geräucherter Speck, 50 g Butter, 1/4 Liter badischer Spätburgunder

Die Täubchen putzen und ausnehmen. Taubenleber aufbewahren. Die Täubchen mit Salz und Pfeffer würzen, in jede Taube einen Zweig Rosmarin und Petersilie legen. Das Öl in einer flachen Kasserolle erhitzen und die Täubchen darin scharf anbraten. Herausnehmen und das Öl abschütten. Die in Würfel geschnittenen Karotten, die grob gehackte Zwiebel, die Pilze und den fein gewürfelten Speck mit der Butter in der Kasserolle leicht angehen lassen. Darauf die Täubchen setzen und in den auf 200° C vorgeheizten Backofen schieben. Noch 10–15 Minuten im Ofen lassen. Täubchen herausnehmen, auf eine vorgewärmte Platte geben und warmstellen. Das Gemüse mit etwas Wein kurz aufkochen und mit den Täubchen anrichten. Dazu paßt ein frisch aufgeschlagener Kartoffelbrei und ein Glas Kaiserstühler Spätburgunder oder auch ein Weißherbst.

Badischer Vesperteller

„Zum Veschper" – das heißt hierzulande auch „z' Nüni" – einst das zweite Frühstück früh um Neune, heute auch zu jeder anderen Tageszeit willkommen – je nach Appetit! Solch ein Veschper gehört auf einen Holzteller und der Holzteller auf die nackte Tischplatte, möglichst eine, in die unentwegte Veschperstammgäste oder Weinschlotzer mit dem Taschenmesser ihre Initialen eingeritzt haben. Früher, als man's noch einfacher hielt, gab's allenfalls den Schwarzwälder Speck, in feine Streifchen geschnitten, und das knusprige Brot, von dem die schwarze Backofenkohle hinweggekratzt wurde – dazu das „Chriesiwässerli", den Kirschschnaps, zwecks freundlicher Magen- und Verdauungsstimmung. So also hielt man's mit dem „z'Nüni" im Gegensatz zur heutigen Präsentation aller habhaften Beigaben.

Roter Rettichsalat, Salz, Pfeffer,
Zwiebelringe, Paprikapulver,
300 g Renchtäler Rahmkäse,
320 g Schwarzwälder Schinken,
1 Hausmacherblutwurst,
1 Hausmacherleberwurst,
Tomatenecken, Gurkenscheiben,
hausgebackenes, kerniges Brot

Den Rettich mit Salz und Pfeffer anmachen, die Zwiebelringe mit Paprikapulver bestäuben. Alle Zutaten werden auf einem runden oder eckigen Holzbrett nach eigenen Variationen angerichtet. Die Zwiebelringe werden als Garnitur für den Rahmkäse verwendet. Dazu serviert man einen original Schwarzwälder Hefeschnaps oder ein Kirschwasser.

EUGNIS
fe-
ein
JACOBS & CO.

Weiße Rübchen

Eine bodenständige Markgräfler Besonderheit, einfach, aber mit dem körperhaften „G'lüscht" – das heißt mit faden Worten: Sie macht satt und läßt dennoch nach mehr verlangen. Unseren größten alemannischen Dichter Johann Peter Hebel trieb's alleweil einmal in der Woche zu weißen Rübchen, und als er in Karlsruhe evangelischer Prälat und Gymnasiumsdirektor war und allenthalben nur „Hofküche" vorfand, ist er doch bi Gott vor Kummer am heimatlichen Gutedel hängengeblieben, der ihm wie „Baumöl i'gange" ist. – Verehrte Köchin: Bevorzugen Sie nur frischen, gut durchwachsenen und ungesalzenen Schwarzwälder Speck zu diesen Rübchen, und vergessen Sie nicht den Hefeschnaps hernach oder einen „Kutscher", will sagen: Topinambur badischer Qualität, ein geistreiches Wässerli aus der Erdartischocke.

5 – 6 kleine weiße Rüben, 2 Eßlöffel Schweineschmalz, 1 Zwiebel, 2 Eßlöffel Zucker, 1/8 Liter Mineralwasser, Salz, schwarzer Pfeffer, 4 Eßlöffel Sahne, 1/2 Teelöffel Mehl, 4 Scheiben grüner (frischer) Speck à 200 g

Weiße Rüben schälen und in die Größe von Pommes frites schneiden. Schweineschmalz mit feingehackter Zwiebel und Zucker angehen lassen, bis dieser karamelisiert. Dann mit Mineralwasser ablöschen und die Rüben hineingeben und garkochen. Salzen und pfeffern. Zum Schluß Sahne mit Mehl anrühren, so daß eine leichte Bindung entsteht, und unter die Rüben einrühren. Nochmals abschmecken. Den frischen grünen Speck getrennt kochen. Das Rübengemüse darübergeben. Als Beilage Salzkartoffeln reichen.

Als Wein ist ein halbtrockener Weißherbst zu empfehlen.

Weißherbst-Birne in Vanilleschaum

Dieses beglückende Rezept ist geeignet, Geistes- und Körperkräfte in Wallung zu bringen, vor allem auch das Herz – drum sei es Verliebten empfohlen und allen leidenschaftlichen Lukulljüngerinnen und aufmerksamen Partnern.

1/2 Liter badischer Weißherbst, 150 g Zucker, 1/2 Stange Zimt, 4 ganze Nelken, 6 nicht zu reife Birnen, 2 Teelöffel Mondamin.
Vanilleschaum: 8 Eigelb, 150 g Zucker, 1/4 Liter Sahne, 3 Vanilleschoten, 5 Blatt Gelatine, 1/2 Liter geschlagene Sahne

Den Weißherbst mit Zucker, Zimt und Nelken zum Kochen bringen, die geschälten ganzen Birnen hineinlegen und langsam weichkochen. Birnen in einer Schüssel beiseite stellen. Den Weißherbstsirup mit dem in etwas Weißherbst aufgelösten Mondamin binden, über die Birnen gießen und auskühlen lassen.
Vanilleschaum: In einer Schüssel die Eigelb, den Zucker, 1/4 Liter Sahne und das ausgekratzte Mark der Vanilleschoten im Wasserbad schaumig schlagen. Die vorher in Weißherbst eingeweichte Gelatine dazugeben und weiterschlagen. Aus dem Wasserbad nehmen und unter öfterem Rühren die Masse fast kalt werden lassen. Die steifgeschlagene Sahne unterziehen und kaltstellen. Je eine Birne auf einen Teller legen, etwas Weißherbstsoße darübergießen, mit einem großen Löffel Vanilleschaum ausstechen und zur Birne legen. Ein Glas Weißherbst aus der Ortenau wäre der ideale Begleiter.

Gefüllte Wildente mit Heidelbeerküchlein

Unter den Enten gehört die Wildente zu den Delikatessen. In freier Wildbahn erlegt, schmeckt sie nach heiler Natur.

4 Wildentenbrüste, 200 g Gänseleberterrine, Weinbeeren nach Bedarf, 4 Scheiben Speck.
Küchlein: 5 mittlere Kartoffeln, 1/8 Liter Sahne, 2 – 3 Eigelb, Salz, Pfeffer, 1 Teelöffel gehackte Ingwerwurzel, 100 g Heidelbeeren. 20 g Butter, 3 Eßlöffel Olivenöl, 1/4 Liter Fleischextrakt.
Püree: 500 g Petersilienwurzel, Salz, Muskat, 1/4 Liter Sahne, 30 g Butter

In die Wildentenbrüste von der Brustspitze her kleine Taschen einschneiden. Gänseleberterrine in breite Streifen schneiden und mit den Weinbeeren in die Brustöffnung stecken. Jede Brust mit einer Speckscheibe umwickeln, eventuell zubinden. Salzkartoffeln kochen, abschütten, etwas auskühlen lassen und durch die Kartoffelpresse drücken. Sahne und Eigelb dazugeben und würzen. Masse kaltstellen. Die vorbereiteten Wildentenbrüste mit etwas Butter und einem Eßlöffel Olivenöl bei schwacher Hitze braten. Nach dem ersten Wenden mit Salz und Pfeffer würzen. In einer anderen Pfanne das restliche Olivenöl erhitzen und mit einem Eßlöffel Häufchen von der Kartoffelmasse hineinsetzen. Auf jedes Küchlein einen Teelöffel Heidelbeeren geben und im vorgeheizten Ofen bei 200° C fertigbacken. Wildentenbrüste aus dem Topf nehmen, aus dem Fond mit dem Fleischextrakt eine Soße zubereiten. Petersilienwurzeln schälen, in Salzwasser kochen und mit der Sahne im Mixer pürieren, abschmekken, mit etwas Butter erhitzen.

Wildschweinpfeffer Ortenauer Art

Es hat sich längst herumgesprochen, daß das Schwarzwild – wie der Jäger das Wildschwein bezeichnet – wieder zunimmt, weil seine natürlichen Feinde wie Bär, Wolf oder Luchs in unseren Breiten ausgerottet sind. Um so mehr erscheint Wildschwein, zuerst als „Frischling" (Jungtier), zum Schluß in der Wildpastete mit Cumberlandsauce, auf den Speisekarten und in familiärer Küche.

Marinade: 1/2 Liter trockener Rotwein, 1 Teelöffel frisches Schweineblut, 1/8 Liter Weinessig, 1 Schnapsglas Kirschwasser, 1 Zwiebel, 1 Karotte, 8 Pfefferkörner, 1/4 Lorbeerblatt, 1 Knoblauchzehe, etwas Thymian und Rosmarin, 1 Nelke.
1 kg Frischlingsblatt oder Hals, 100 g Butter, Salz, Mehl zum Bestäuben, 2 Eßlöffel Tomatenpüree

Für die Marinade Rotwein, Schweineblut, Weinessig und Kirschwasser gut durchrühren. Die Zwiebel und die Karotte in Würfel schneiden, die Pfefferkörner zerdrücken und mit den restlichen Gewürzen hineingeben. Das Fleisch in Würfel von ca. 30 g schneiden und 2 Tage marinieren. Das Fleisch vor dem Zubereiten gut abtropfen und auf starkem Feuer in Butter anbraten. Dann salzen, mit wenig Mehl bestäuben, leicht angehen lassen und 2 Eßlöffel Tomatenpüree dazugeben. Mit der Marinade aufgießen und ungefähr eine 3/4 Stunde langsam schmoren (bei älterem Wildschwein entsprechend länger). Wenn nötig, von Zeit zu Zeit etwas Wasser zugeben. Vor dem Servieren die Soße passieren und abschmecken. Als Beilage eignen sich Kartoffelklöße oder Nudeln. Dazu Spätburgunder kredenzen.

Zanderfilet in Riesling

Dieser prächtige Tafelfisch kann über 12 kg schwer werden. Am liebsten lebt er in Mitteleuropa und im Osten, wo er den ungarischen Plattensee bevorzugt. Hier wurden auch die herrlichsten Rezepte ersonnen. Je nach Land und Landschaft heißt er noch Hechtbarsch, Sandaal, Sandel, Sander, auch Amodito, Fogas oder Fogasch. Ein Fisch der vielen Möglichkeiten!

4 frische Zanderfilets à 200 g, Saft einer Zitrone, Salz, Pfeffer, 100 g frische Champignons, 50 g Butter, 1 feingehackte Zwiebel, 1/4 Liter Riesling, 1/8 Liter Sahne, 1 Eigelb, 1 Eßlöffel gehackte Petersilie

Zanderfilets mit Zitronensaft, Salz und Pfeffer marinieren. Die Champignons gut waschen und in Scheiben schneiden. In einer flachen Kasserolle oder Pfanne die Butter schmelzen lassen, darin die Zwiebel und die Champignons leicht angehen lassen, ohne Farbe zu geben. Die Zanderfilets dazulegen, mit dem Riesling übergießen und bei kleiner Hitze zugedeckt langsam und vorsichtig garen. Die Filets aus der Pfanne nehmen, auf einer Platte warmstellen. Zu dem Rieslingsud die Sahne geben und etwas einkochen lassen. Das Eigelb mit Sahne verrühren und ohne zu kochen unter die Soße rühren, mit Salz und Pfeffer abschmecken, gehackte Petersilie dazugeben und über die Zanderfilets gießen. Dazu passen Kartöffele und ein Glas badischer Riesling.

Zwetschgensorbet

Was heißt Sorbet? Ganz einfach: Kühltrank, meist halbgefroren mit Fruchtsaft vermischt. Der Sorbet war ein gepriesenes Eisgetränk der feinschmeckerischen Barockzeit und kam aus dem Orient nach Westeuropa. Genau gesagt als arabischer „Scherbet", aus Persien aber als „Sorbet". Man weiß es nicht genau, aber es ist denkbar, daß der berühmte „Türkenlouis", nämlich der badische Markgraf Ludwig Wilhelm von Baden-Baden (1655–1707), als Feldmarschall und Besieger der Türken von seinen Feldzügen neben vielen orientalischen Beuteschätzen auch Scherbet-Rezepte mit heimbrachte. Denn seine Frau Sibylla Augusta war eine leidenschaftliche Köchin und sammelte derartige Küchennovitäten für ihr, noch vorhandenes, selbstgeschriebenes Rezeptebuch. (Übrigens ist ihre Küche im Schloß Favorite bei Rastatt einen Besuch wert!) Von den vielen Sorbetarten ist das Zwetschgensorbet wohl die seltenste. Sie krönt natürlich im Lande der Frühzwetschge am Oberrhein jedes Mahl mit süßer Kühle und daheim zur Zwetschgenzeit die Ansprüche der Kenner.

400 g Zwetschgen, 0,2 Liter Wasser,
150 g Zucker, 1 Zimtstange,
2 Schnapsgläser Zwetschgenwasser

Die Zwetschgen mit Wasser, Zucker und der Zimtstange aufkochen und erkalten lassen. Anschließend die Zwetschgen entsteinen. Dann mit dem Sud mixen und durch ein Sieb passieren, das Zwetschgenwasser hinzufügen und die Masse im Kühlfach gefrieren.

Anmerkungen zu den Weinempfehlungen

Wir wissen, daß es unzählige Meinungen zu diesem Thema gibt. Es kann deshalb nicht die Absicht sein, alte Freunde der badischen Küche und der badischen Weine auf ein und dieselbe Meinung einzuschwören. Ich möchte hier nur Grundsätzliches erklären, Grundsätzliches besonders im Hinblick auf die Bekömmlichkeit, weil sie bei der Zubereitung und bei der Zusammenstellung von Speisen und Getränken das wichtigste Ziel sein muß.

Die richtige Wahl des Weines unter Berücksichtigung der Jahreszeit ist neben der Wahl der Zutaten für die Speisen eine vordringliche Aufgabe. Diese Wahl ist nicht zuletzt auch ein wenig Gefühlssache des Gastgebers.

Durchgegorene Weißweine mit einem schmeckbaren Anteil von erfrischender Säure sind als Begleiter guten Essens immer vorzuziehen. Selbstverständlich gibt es Ausnahmen, zum Beispiel ein Glas Beerenauslese oder Auslese als Aperitif oder zu einer Leberpastete gereicht. Hier ist jedoch darauf zu achen, daß die Portionen tatsächlich klein bleiben, weil solche Weine in größeren Mengen immer sättigend wirken. Dabei geht es nur um den Genuß und weniger um die Verdaulichkeit.

Bei alten Rotweinen, die natürlich keine frische Säure haben, sorgen die Gerbstoffe für Bekömmlichkeit. Bei Gerichten aus rotem Fleisch, Wild o. ä. ist höchster Genuß nur in der Kombination mit einem reifen, runden oder – je nach Geschmack – auch mit einem weniger reifen Rotwein möglich. Wie beim Weißwein ist die Zubereitung der Speisen selbstverständlich tonangebend. Soßen sollten möglichst mit guten Weinen zubereitet sein. Der natürliche Geschmack des Hauptteiles eines Gerichts sollte durch Zubereitung und Beilagen höchstens verfeinert, niemals aber verändert oder durch geschmacklich fremde Beilagen überlagert werden. Konkret: Wer einen Rehrücken mit exotischen oder heimischen Früchten süßer Beschaffenheit zudeckt, kann niemals erwarten, daß er einen Rotwein findet, der sich diesen geschmacklichen Gegensätzen harmonisch unterordnet oder anschließt. Wer, um ein anderes Beispiel zu nennen, einen Fisch in einer feinen, erfrischenden Weißweinsoße zubereitet, um dann einen säurearmen und deshalb breiten und sättigenden Weißwein zu trinken, darf sich über die geschmackliche Kollision und die damit verbundene Einschränkung des Genusses nicht wundern. In der Regel verwendet und serviert man die Weine der Region, wenn sie die geschmacklichen Voraussetzungen erfüllen. Vor allem verwendet man auch denselben Wein für Marinaden, Soßen etc. statt billiger „Kochweine". Bei Weißweinen wird dies im Markgräflerland der Gutedel, am Kaiserstuhl ein Ruländer oder ein Weißburgunder und in Mittelbaden und der Ortenau ein Riesling sein.

Über die Trinktemperaturen der einzelnen Sorten und Kategorien gibt es sehr unterschiedliche Meinungen. Für Feinschmecker steht jedoch fest, daß kräftige Weißweine wesentlich kühler serviert werden sollen als die leichteren; 6–8° C bei Ruländer und Weißburgunder; 7–8° C für Gutedel, Silvaner und Riesling. Die badischen Weißherbste (weißgekelterte Spätburgunder) empfehlen sich während der Winterzeit besonders zu Rauchfleischgerichten und im Sommer auch zu Gerichten mit rotem Fleisch oder Wild, nämlich dann, wenn man ein gekühltes Getränk „zimmertemperiertem" Rotwein vorzieht.

Der Begriff „Zimmertemperatur" ist unverständlicherweise immer noch in Gebrauch. 14–16° C für kräftigere Rotweine sind die beste Serviertemperatur. Man muß dabei berücksichtigen, daß der Wein schon durch das „zimmertemperierte" Glas und durch die heute allgemein höheren Zimmertemperaturen sehr schnell um 1–2° C auftemperiert. Und in dieser Phase schmecken Rotweine wie Weißweine am besten.

Schlußwort

Unser herzlicher Dank gebührt den Wirten und Küchenmeistern

Herrn Peter Baunacke, Mönchs Posthotel mit Restaurant Klosterschänke, Bad Herrenalb,
Herrn Alfred Biedermann, Hotel-Restaurant Ochsen, Schönau,
Herrn Claus Blum und Herrn Eckhardt Gaiser, Parkhotel Wehrle, Triberg,
Herrn Wilhelm Brunner, Gasthaus-Hotel Ritter, Durbach bei Offenburg,
Herrn Erwin Dietz, Hotel-Restaurant Erbprinz, Ettlingen,
Herrn Werner Ehrhardt, Hotel-Restaurant Prinz Carl, Buchen/Odenwald,
Herrn Herbert Fischer, Confiserie und Caféhaus König, Baden-Baden,
Herrn Hubert Freund, Restaurant Eichhalde, Freiburg i. Br.,
Herrn August Götz, Hotel Götz Sonne-Eintracht, Achern,
Herrn Paul Hagelberger, Romantik Restaurant Katzenberger's Adler, Rastatt,
Herrn Franz Keller sen., besonders für seine Anmerkungen zum Wein, und Herrn Christian Begyn, Gasthof und Weingut Schwarzer Adler, Oberbergen/Kaiserstuhl,
Herrn Franz Kimmig, Hotel Kimmig/Das Treppchen und Allee-Hotel Bären, Baden-Baden,
Herrn Gerhard Kramer-Eichin, Historisches Gasthaus zur Weserei, Kandern,
Herrn Rudolf Neugebauer, Spezialitäten-Restaurant Unter den Linden, Karlsruhe,
Herrn Hugo Schwall, Gasthaus Krone Künstlerkneipe, Karlsruhe,
Herrn Erich Surdmann, Hotel und Weinstube Hecht, Überlingen,
Herrn Peter Wehlauer, Burg Windeck Hotel-Burggaststätte, bei Bühl,
Herrn Horst Winkelmann, Hotel-Restaurant Seeschau, Insel Reichenau

Bildquellen

Hans-Joachim Döbbelin: 52–201
Heine-Stillmark: 44/45
Edmond van Hoorick: 8/9
Joachim Kinkelin: 6/7
Gerhard Klammet: 32/33
Peter Mueck: 2, 12/13 (7), 16/17 (4), 24/25 (4), 30, 36/37, 40/41 (2), 42/43, 46/47 (4), 48/49 (5), 50/51 (2)
Toni Schneiders: 21
Schneiders/Kinkelin: 28/29

Die Rezepte nach Gruppen

Soweit in den Rezepten nichts anderes vermerkt ist, sind die Zutaten für vier Personen berechnet.

Suppen und Eintopfgerichte

Vesper und Vorspeisen

Fisch

Fleischgerichte

Geflügel

Wild

Salat

Gemüse- und Kartoffelgerichte

Die Rezepte alphabetisch

In unserer Kochbuchreihe

Kulinarische Streifzüge

sind in gleicher Ausstattung
bereits erschienen
die Bände

Schwaben

Friesland

Franken

Bayern

Hessen

Die Reihe wird fortgesetzt

sigloch edition